Anne Helene Bubenzer · Gabriele Haefs

Lesereise Oslo

Anne Helene Bubenzer
Gabriele Haefs

Lesereise Oslo

*Auf der Suche nach Ibsens
Badewanne*

Picus Verlag Wien

Grafische Gestaltung: Dorothea Löcker, Wien
Umschlagabbildung: © Birdseyepix.com / Christopher Hagelund
Druck und Verarbeitung:
Druckerei Theiss GmbH, St. Stefan im Lavanttal
ISBN 978-3-85452-973-2

Informationen über das aktuelle Programm
des Picus Verlags und Veranstaltungen unter
www.picus.at

Inhalt

Die Tigerstadt

Eine Stadt und ihr Vorbild

Oslo? Ist das nicht irgendwo in Skandinavien? Ganz recht, es ist die Hauptstadt Norwegens – und das nicht erst seit Neuestem. Über tausend Jahre ist sie schon Sitz fremder und eigener Könige und Besatzer, Stadt vieler Namen und einer wechselvollen Geschichte. Immer wieder wurde sie niedergestreckt von Großbränden und Pest, geplagt von Fremdherrschaft und Krieg, und doch ist dort am Ende des Oslofjords stets etwas Neues gewachsen. Man hat sich nicht unterkriegen lassen, auch wenn immer mal wieder eitle Mächtige etwas anderes aus der Stadt machen wollten: 1624 wurde sie nach Plan und Befehl des neuen Königs Christian IV. nach knapp sechshundert Jahren unter dem Namen Oslo in Christiania umgetauft, später, 1877, dann in Kristiania. Erst 1925 bekam Oslo schließlich seinen ursprünglichen Namen zurück.

Man weiß kaum etwas über diese Stadt. Ein Mal pro Jahr macht sie zur Verleihung des Friedensnobelpreises von sich reden, gelegentlich zu Winterspielen oder Leichtathletikmeisterschaften. Aber wie groß, wie viele Einwohner, was für eine Regierung? Herrscht ewiger Winter und welcher Präsident? Politisch fällt Oslo in Europa nur auf, wenn wieder einmal gegen einen Beitritt zur EU gestimmt wird, und in die hiesigen Schlagzeilen schafft es bestenfalls die königliche Familie oder das Bierpreisniveau.

Es mag also vielleicht wirklich wie eine verschlafene Metropole im Norden Europas anmuten, dieses Oslo, das auf den ersten Blick in Schönheit, Größe und Vielfalt nicht mit seinen skandinavischen Geschwistern konkurrieren kann. Und doch: Wagt man einen zweiten Blick, gibt es eine Menge Bemerkenswertes zu entdecken, was Oslo, ganz in norwegischer Manier, zunächst einmal bescheiden für sich behält. Die Stadt ist wie eine eigenwillige Geliebte: Sie enthüllt ihre heimlichen Leidenschaften und schönsten Ausblicke nur dem, der sie wirklich kennenlernen will …

Glaubt man dem Schriftsteller Bjørnstjerne Bjørnson, war Oslo, das seinerzeit noch Christiania hieß, einst ein zähnefletschendes Ungeheuer, das sich an geplagten Künstlern zu gern die Krallen wetzte. Dass die Stadt noch heute, inzwischen jedoch fast zärtlich, »Tigerstadt« genannt wird, geht auf ein Gedicht Bjørnsons zurück, in dem er beschreibt, wie in einer Arena – unter blutrünstigem Beifall des Volkes – ein Pferd gegen einen Tiger kämpfen muss und sich wacker verteidigt. In der letzten Strophe schreibt er:

Wer schließlich siegte, weiß ich nicht.
denn dieses Pferdchen, das bin ich,

und der Kampf geht heut noch fort.
Doch die Stadt, wo er sich zugetragen,
wo Applaus und Jubel tagen,
ist dir gewiss ein wohl bekannter Ort.

(Godt mod, 1870)

Christiania machte es den Künstlern nicht leicht. Glaubt man dem Lamento, drohte die Stadt sie regelrecht zu verschlingen. Henrik Ibsen, Edvard Munch, Knut Hamsun, Christian Krohg – sie alle kehrten der Stadt den Rücken und suchten im Ausland Ruhe, Kraft und die vermeintliche schöpferische Freiheit. Knut Hamsun soll nach Jahren in den USA auf der Rückfahrt nach Skandinavien nicht einmal in Oslo von Bord des Schiffes gegangen, sondern gleich weiter nach Kopenhagen gereist sein – so schrecklich waren seine Erinnerungen an die Stadt …

Heute ist von der damaligen existenziellen Bedrohung höchstens in pekuniärer Hinsicht etwas zu spüren, denn billig gibt sich Oslo nicht her. Doch es ist eine Stadt, die dem, der noch etwas anderes sucht als berühmte Bauwerke und Museen, ausreichend Gelegenheit zum Finden bietet …

Und hat man erst einmal angefangen genauer hinzuschauen, finden sich die Kuriosa bald von allein ein. Wer hätte zum Beispiel gedacht, dass im Jahre 1900 täglich fünfundvierzig Tonnen Pferdemist von den Straßen zu schaufeln waren? Wer hätte gewusst, dass 1879 zum letzten Mal mit

Schüssen von der Akershus-Festung Brandalarm gegeben wurde? Wer könnte ahnen, dass 1933 alle Wohnungen in der Stadt über elektrisches Licht verfügten und dass bereits 1970 der erste Geldautomat in Betrieb genommen wurde? Dass siebentausendachthundert Grundstücke auf der Liste zu schützender Denkmäler im Stadtgebiet stehen und dass der größte Kinosaal der Stadt über neunhundertachtundsiebzig Plätze verfügt? Wer hätte geglaubt, dass der Osloer jährlich durchschnittlich vierzehneinhalb Kilo Bananen isst? Nun? Niemand. Das überrascht noch den besten Oslokenner. Denn so ist die Tigerstadt in Wirklichkeit: Irgendwann kriegt sie jeden.

Im Oslofjord

Leben am Wasser

Es ist sechs Uhr morgens, die Luft ist eiskalt und an die bevorstehende Dämmerung glaubt man mehr, als dass man sie erahnt. Die Schiebetüren gleiten auf und man tritt hinaus in die Dunkelheit und den schneidenden Wind.

Die Bars haben schon seit Stunden zu, ebenso die Spielbank und die Show Lounge. Vermutlich ist es die ruhigste Stunde an Bord des Schiffes. Die meisten Passagiere haben den Weg in irgendeine Kabine gefunden, der Alleinunterhalter hat nach vier Mal »New York, New York«, drei Mal »Piano Man« und ein Mal »Living Next Door to Alice« sein Trinkgeld aus dem großen Glas gesammelt, das auf dem von Barhockern umstandenen Flügel steht, und noch ein paar Kronen davon im Casino verspielt. Die Barkeeper haben den Tresen poliert und noch eine Runde in der Disco getanzt, und nun schläft, wer schlafen kann. Ein Putzteam saugt die Böden im Restaurant und wischt verschüttetes Bier vom sonst so glänzenden Marmorboden, die Handläufe der großen Treppen müssen auch wieder poliert werden – bei fast dreitausend Passagieren gibt es immer etwas zu tun, wirkliche Ruhe kehrt hier nie ein. Zwei alte Männer treibt wohl die Bettflucht aus der Koje, sie spazieren langsam durch die Stille, und eine betrunkene Frau sitzt mit verquollenen Augen auf einem Stuhl vor der Pizzeria, mitten in der ansonsten verwaisten Einkaufspassage. Sie scheint nicht genau zu wissen, wo sie ist.

Kapitän Gulleik Svalastok hingegen weiß das ganz genau. Er kennt die Strecke Kiel–Oslo wie seine Westentasche und sorgt dafür, dass sein über zweihundertdreißig Meter langes und sechzig Meter hohes schwimmendes Luxushotel sicher durch den hundertsieben Kilometer langen Oslofjord kommt, der aus der Luft betrachtet übrigens aussieht wie ein vornehm geneigter Schwanenhals.

Nachdem die hochhausgleiche Fähre in der Nacht den rauen Skagerrak überquert hat, haben wir nun ruhigere Gewässer erreicht. Bald müssten auf der Steuerbordseite Moss, auf der Backbordseite Horten auftauchen. Untrügliche Zeichen dafür, dass es nicht mehr weit bis Oslo ist.

Norwegen ist ein Land, in dem nicht nur Berge, sondern auch Fjorde und das Leben am Wasser eine wichtige Rolle spielen und das nicht erst, seit man mit Sportbooten und Jachten über die Wellen sausen kann. Glaubt man dem Geschichtsschreiber Snorre Sturlason, war es Harald Hardråde, der vor ungefähr tausend Jahren die Handelstadt Oslo errichten ließ. Auch er wusste schon die Vorzüge der Fjord-Endlage zu nutzen. Sowohl für den Handel als auch zur Verteidigung der Stadt bot sich der Ort geradezu an: Die See war durch das leicht ansteigende Gelände leicht zu überblicken, und auch auf dem Landweg war Oslo gut zu erreichen. Bald florierten die Geschäfte, es wurden Straßen angelegt und Holzhäuser gebaut. Ende des 13. Jahrhunderts lebten rund dreitausend Menschen in der Stadt. Danach suchten mehr als zwanzig Großbrände und diverse Pestattacken die Stadt heim, doch aufgrund der guten Lage wurde der Standort nie aufgegeben. Reste der ältesten Bebauung sind noch heute im Stadtteil Gamlebyen zu finden.

Mit der Fähre dauert die Einfahrt in den immer enger werdenden sogenannten inneren Oslofjord heutzutage gute drei Stunden. Es lohnt sich, dafür ein bisschen früher aufzustehen. Vor allem im Sommer, aber, wenn man sowieso wach ist, auch an einem dunklen Wintermorgen wie diesem.

In Moss schlafen um diese Zeit verständlicherweise noch viele Leute, weshalb entlang der Küste nur wenige Lichter zu sehen sind. Ebenso in Horten. Doch dann sieht man plötzlich eine kleine Autofähre den Kurs kreuzen. Im Vergleich zu »uns« sieht das Schiff fast aus wie ein Spielzeug. Das muss die Bastø-Fähre sein, die von Moss nach Horten übersetzt und die ersten Berufspendler transportiert.

Eine knappe halbe Stunde später dann passiert die Fähre den Drøbaksund. An dieser Stelle ist der Fjord nur fünfhundert Meter breit. Nach langem Zögern und diversen Brückenbauplänen wurde im Jahr 2000 endlich eine Tunnelverbindung von

West nach Ost geschaffen. Doch die mautpflichtige Durchfahrt ist nicht ungefährlich: Seit der Eröffnung versagte bereits einmal das Pumpensystem und der Tunnel wurde überflutet, ein anderes Mal stürzten zwölf Tonnen Stein von der Decke, und Geologen warnen immer wieder vor möglichen Steinlawinen.

Der Drøbaksund scheint also noch immer nicht so einfach zu überwinden zu sein. Genau an dieser Stelle nämlich nahmen am 9. April 1940 die norwegischen Einheiten den schweren Kreuzer Blücher unter Beschuss, der mit rund tausenddreihundert deutschen Soldaten an Bord die Operation Weserübung-Nord anführte und die Besatzung Oslos einleiten sollte. Der Beschuss verlief erfolgreich, nicht zuletzt, weil sich der Kommandant entgegen jede Vernunft viel zu lang an die Order »langsame Fahrt« hielt. Durch die Versenkung des Schiffes an dieser Stelle weit vor der Hauptstadt gewann man für Oslo wichtige Zeit, sodass es der königlichen Familie gelang, mitsamt den Goldreserven das Land noch rechtzeitig zu verlassen. Bis heute liegt das Wrack dort in neunzig Metern Tiefe. Die Fähre gleitet fast lautlos über diese Stelle hinweg. Es ist unheimlich, in dieser Dunkelheit die nahen Ufer zu ahnen und doch nicht zu sehen. Es ist unheimlich zu wissen, dass Hunderte Menschen dort unten im eiskalten Wasser starben. Der Wind jagt eine kalte Bö heran. Zeit für einen Kaffee und ein paar warme Gedanken.

Die ersten Frühaufsteher sind inzwischen unterwegs, eine Kaffeebar hat geöffnet, und schon hier bietet sich dem Norwegenreisenden Gelegenheit, sich mit dem Osloer Preisniveau vertraut zu machen – immerhin streitet man sich mit Moskau, London und Tokio um den ersten Platz auf der Liste der teuersten Städte der Welt, ist aber 2009 auf den schnöden vierzehnten Platz gesunken. Doch der Kaffee schmeckt nicht schlecht und hat den nötigen Effekt. Ganz nach amerikanischem Vorbild hat auch in Norwegen (und das Schiff gehört schon zum Land) die »Coffee to go«-Kultur Einzug gehalten, ob groß, klein, medium, stark, mittel oder »decaf«, mit Vanille oder Karamell, Soja- oder laktosefreier Milch – vieles davon ist vielleicht überflüssig, doch nichts unmöglich. Am Nachbartisch sitzen zwei Reisende in Trekkingkleidung. Von Kopf bis Fuß outdoor-tauglich, planen sie ihren Osloaufenthalt. Fast möchte man darauf hinweisen, dass es in der Stadt beheizte Bürgersteige und wenig steile Felswände gibt, doch Ziel des Individualtourismus ist ja das Individuelle, und diesen beiden steht jedenfalls jedes noch so unwegsame Osloer Gelände, inklusive des riesigen Waldgebietes Nordmarka, offen.

Dann endlich zeigt sich ein heller Lichtstreifen hinter der Landzunge Nesodden und taucht die Landschaft in ein dankbares Zwielicht. Der Fjord ist zwar nicht zugefroren, doch bei Weitem nicht eisfrei. Noch ein paar solcher kalten Nächte, dann schwimmen hier kleine Schollen. Die Ufer liegen erstarrt und weiß überpudert da. Wie gut, dass es kein schlechtes Wetter gibt, sondern nur falsche Kleidung, und wie gut, dass man die richtige Kleidung hat. Mütze, Schal, Handschuhe, die ganze Winternummer.

Oslo kommt in Sicht, liegt irgendwie noch ganz verschlafen da, auch den meisten Passagieren ist anzusehen, dass sie gern noch ein bisschen liegen geblieben wären. Gegen neun Uhr soll das Schiff im Hafen einlaufen, und die meisten Leute sind gerade noch rechtzeitig aus ihren bequemen Betten gekrochen, um vom Sonnendeck – das an diesem Januarmorgen nicht wirklich zu längeren Aufenthalten einlädt – die Landschaft zu fotografieren. Ein kleiner Leuchtturm, das spitze Dach des Fram-Museums, die bunten Häuschen im Schnee – Motive gibt es genug. Bis Anfang 2009 konnte man auch die berühmte Holmenkollen-Skisprungschanze fotografieren, die sich wie ein überdimensionaler weißer Schuhlöffel über die Wälder erhob, doch das Wahrzeichen wurde kurzfristig abgerissen, um zu der Nordischen Ski-WM 2011 in neuem Glanz zu erstrahlen. Wer Oslo einmal mit Sprungschanze gesehen hat, wird von ihrem Fehlen befremdet sein, doch wer sie nicht kennt, wird wohl nichts vermissen. Ob nun aber mit oder ohne Sprungschanze: Es gibt keine schönere Art, in Oslo anzukommen, als mit dem Schiff. Unter dem Dröhnen des Horns legt die Fähre am Terminal an und entlässt Urlauber und Heimkehrer ins Land. Vielleicht ist es nur Einbildung, aber irgendwie fühlt sich der erste Schritt ganz anders an, wenn man nicht aus einem Flugzeug steigt.

Wer bei der Einfahrt in den Hafen schon wach genug war, konnte zahlreiche kleine Inselchen sehen, von denen manch eines eine ziemlich lebendige Geschichte aufzuweisen hat. Um diese kleinen Fjordparadiese zu erreichen, braucht man nicht einmal ein eigenes Boot. Einige Schären sind in privater Hand, dann aber häufig mit Gastronomiebetrieben versehen, sodass man selbst auf dem winzigen Eiland Dyna Fyr, auf dem für nichts weiter Platz ist als den Leuchtturm und ein Wärterhäuschen, genussvoll speisen kann.

Ebenso auf Lille Herbern, das der Museumsinsel Bygdøy vorgelagert ist. Zu Zeiten der Prohibition war Lille Herbern ein Paradies für Alkoholschmuggler. Der Schriftsteller Arthur Omre (1887–1967), der mit seinem Buch »Schmuggler« (1935) einen Klassiker der norwegischen Kriminalliteratur schuf, plaudert darin aus dem Nähkästchen. Der Autor ist als wahrer Lebenskünstler in die Geschichte eingegangen: Erst versuchte er sich als Seemann, dann als Mechaniker, verbrachte einige Jahre in den USA und kehrte mit vielen Ideen im Kopf zurück. Er gründete eine eigene Firma und übernahm sich finanziell – was der Beginn einer zwölf Jahre andauernden kriminellen Karriere war. Er wettete, betrog und schmuggelte, was das Zeug hielt, und wurde mehr als einmal dafür hinter Gitter gebracht. Schließlich geriet er sogar auf Lille Herbern in eine Schießerei mit der Polizei und floh aus dem Gefängnis – was er in seinem berühmten Werk ausführlich beschreibt.

Inzwischen hat sich das Leben auf der kleinen Insel ein wenig beruhigt. Man trinkt dort jetzt legal, wenn auch teuer. Vor noch gar nicht allzu langer Zeit kam man nur mithilfe einer winzigen Klingelfähre auf die lediglich fünfzig Meter entfernte Insel. An einem wackeligen Steg hing eine Klingel, mit der man meistens den Kapitän eines kleinen Motorbootes weckte, der einen für ein kleines Entgelt übersetzte. Inzwischen gibt es einen Fahrplan, doch die Boote sind immer noch klein.

Die meisten der größeren Inseln gehören der Kommune Oslo, weshalb die Osloer Verkehrsbetriebe eigene Fährrouten betreiben und die teils winzigen Eilande täglich ansteuern. Eine Gelegenheit, die die Hauptstädter nur zu gerne zur Naherholung nutzen. Sie fahren mit dem kleinen Fährboot nach Gressholmen, wo es so viele Kaninchen wie Grashalme gibt, nach Langøyene, mit großem Badestrand und Campingplatz, nach Nakholmen und Lindøya, wo jeder gern ein Ferienhäuschen hätte, oder nach Hovedøya, der größten der Osloer Schäreninseln.

In den sechziger Jahren waren die Inseln ein sehr beliebtes Reiseziel der Osloer. Man war seinerzeit gerade auf den Geschmack der Campingferien gekommen. Auch wer nicht viel Geld hatte, konnte hier vier Wochen lang sein Zelt aufschlagen und schönsten Urlaub machen. Fast jeder Mittvierziger, der in der Stadt aufgewachsen ist, bekommt einen verklärten Blick, wenn er sich an die Sommerferien seiner Kindheit erinnert. Kaum einer unter ihnen, der nicht wenigstens einen Sommer auf einer der kleinen Inseln verbracht hätte. Fast jeder ist irgendwann in seiner Jugend in den Ruinen des einstigen Zisterzienserklosters auf Hovedøya herumgeklettert (und tut es heute mit seinen eigenen Kindern). Wenn es dunkel wurde und man sich nach einem langen Badetag ins Zelt begab, erzählte man sich damals von den Nazis, die genau hier das »Lager Hovedö« errichtet hatten, sprich Baracken für über tausend Soldaten, ein Sprengstofflager und ein Feldlazarett. Guter Stoff für Schauermärchen, von denen sicher viele nicht so weit hergeholt waren. Nach fünf Jahren mit einer Besatzungsmacht gibt es mehr als genug wirklich erlebte Gruselgeschichten.

Doch über die eigenen Gruselgeschichten wurde in Norwegen lange geschwiegen. Die wenigsten Osloer wussten als Kinder, was auf Hovedøya weiter passierte, lange nachdem die Mönche das Kloster aufgegeben und die Nazis den Krieg verloren hatten. Denn ab Oktober 1945, also längst nach Kriegsende, wurde dort ein Straflager für norwegische Frauen eingerichtet, die sich mit deutschen Soldaten eingelassen hatten. Ohne dass ein Verhältnis zu einem Soldaten der Besatzungsmacht ein Gesetzesbruch gewesen wäre, wurden die Frauen unter dem Vorwand, es bestehe Verdacht auf Geschlechtskrankheiten, aus der Gesellschaft verbannt. Ungefähr tausendeinhundert Frauen wurden dort gegen ihren Willen hinter Gittern und Stacheldraht gefangen gehalten, kahl geschoren, erniedrigt und gedemütigt. Erst im Mai 1946 löste der damalige Sozialminister Sven Oftedal das Lager auf und die Kommune tat alles dafür, um alles, was an die Vergangenheit erinnerte, abreißen zu lassen. Einer der erfolgreichsten Schlager Norwegens in den fünfziger Jahren heißt immerhin »Det hender så mangt på Hovedø'n« (Es passiert so viel auf Hovedø), wunderbar gesungen von Kari Diesen, doch das Lied spart die jüngere Geschichte aus und preist stattdessen die unbestreitbar romantischen Sommernächte auf der Insel. Heute erinnert noch eine zu einem Café umgebaute Baracke an die einstige Gegenwart der Deutschen Wehrmacht. An die als »Deutschenhuren« beschimpften Frauen erinnerte lange Jahre nichts. Erst 2008 machte sich eine Gruppe junger Frauen daran, mit einer Kunstinstallation auf dem ehemaligen Lagergelände auf die zu gern verschwiegene Geschichte aufmerksam zu machen. Sie wollen damit nicht erreichen, dass die Menschen mit betroffenen Mienen und Tränen in den Augen über die Insel laufen und ihnen der Freizeitspaß vergeht. Veronika Bökelmann, eine der Künstlerinnen, sagt dazu: »Es schließt sich doch nicht aus, Würstchen zu grillen, zu spielen, zu baden und sich zu sonnen und die Geschichte der Wiese zu spüren, auf der man liegt, oder?«

Die Osloer kommen jedenfalls nach wie vor nach Hovedøya, bereit, die Fünfziger-Jahre-Romantik ebenso zu spüren wie die Geschichte ihrer Eltern und Großeltern, mit Grillwürstchen im Gepäck und den Badesachen am Leib.

Mehr Schein als Sein

Die Greifen auf der Nationalgalerie

In einer Seitenstraße der Karl Johans Gate, einen Steinwurf von Nationaltheater und Königsschloss entfernt, liegt Oslos, nein, Norwegens Nationalgalerie, ein majestätisches Gebäude aus rötlichen Steinen, mit wuchtiger Treppe (auf der natürlich Löwen sitzen), kurzum, ein Museum nach dem Geschmack des 19. Jahrhunderts. Die Löwen sieht man sofort, wenn man sich dem Museum nähert, mit den Greifen ist es schon schwieriger.

Aber zu denen kommen wir noch. Hier steht also die Nationalgalerie, von der man natürlich erwarten kann, dass dort die bedeutendsten Werke der norwegischen bildenden Kunst vertreten sind. So war das allerdings nicht geplant – im Jahre 1871 stellte die Christiania Sparebank Gelder für ein Skulpturenmuseum bereit. Für Osloer Verhältnisse ungeheuer schnell war das Museum – der Neubau von damals macht den Mittelteil der heutigen Nationalgalerie aus – dann auch bezugsbereit, schon 1881 öffnete es seine Pforten. Weil es in Norwegen nicht gerade ein Überangebot an Bildhauern gab, wurden die Ausstellungssäle mit Kopien von Skulpturen aus der klassischen Antike gefüllt. Gegen Ende des Jahrhunderts wurde das

Museum ausgebaut und zur Nationalgalerie ernannt, zunächst, um den Bildern der norwegischen Nationalromantik einen Platz zu bieten, später kamen dann auch die damals umstrittenen Radikalen (ob nun politisch oder künstlerisch gesehen) hinzu, nennen wir nur Edvard Munch, Christian Krohg oder Kitty Kielland.

Doch schon seit Beginn häufen sich die Klagen, zu klein sei die Nationalgalerie, habe zu wenig Platz für die jeweilige zeitgenössische Kunst. Um 1970 hatte das damalige Parlament die Klagen satt und beschloss, einen Anbau errichten zu lassen. Schließlich befindet sich gleich hinter der Nationalgalerie ein großes unbebautes Gelände, Tullinløkka, allen Osloer Autofahrern lieb und teuer, denn solange der Anbau nicht steht, dient Tullinløkka als Parkplatz, und ein Parkplatz, mitten in der stets vom Verkehrsinfarkt bedrohten Osloer Innenstadt, das ist doch die pure Gottesgabe. Es sieht so aus, als würde die Gottesgabe den Osloer Autofahrern noch lange erhalten bleiben. Denn wie es bei so vielen Osloer Bauvorhaben üblich ist: Es kam zu keiner Einigung über den geplanten Ausbau. Stattdessen wurde ein neues Museum gebaut, das Museum für Zeitgenössische Kunst (Museet for Samtidskunst), doch Kritiker befanden, eine Nationalgalerie müsse nationale Kunst aller Epochen ausstellen.

Bewegung in die Sache kam erst im neuen Jahrtausend. Unter Protest (Norwegens Nationalgalerie müsse ja wohl von einem Norweger geleitet werden) wurde der Schwede Sune Nordgren zum Direktor der Nationalgalerie berufen. Er ließ in aller Eile einen Anbau errichten, eine Art knallgrünen Bungalow auf Stelzen, der immerhin den Vorteil hatte, dass ein großer Teil von Tullinløkka als Parkplatz erhalten blieb. Das Gebäude bekam postwendend den Spitznamen Frosch verpasst und wurde ihn in seiner kurzen, ereignisreichen Karriere als Ausstellungsgelände auch nicht wieder los. Und diese Karriere war wirklich kurz – am dritten Tag nach der Eröffnung knickten ein paar der Stelzen ein, und das war's.

Das Wirken des armen Schweden war auch sonst nicht gerade von Erfolg gekrönt. Seine Entscheidung, die meisten Vertreter der norwegischen Nationalromantik ins Magazin zu verbannen und die übrig gebliebenen Bilder nicht wie bisher chronologisch geordnet zu hängen, sondern nach einem anderen rätselhaften Maßstab (den – so die aufgebrachte Osloer Presse – wohl nur ein schwedisches Gehirn entsinnen konnte), stieß auf keine große Gegenliebe. Auch seine Begründung, dass auf diese Weise Museumsbesucher mit kunstgeschichtlichen Kenntnissen denen gegenüber, die keine besäßen, nicht mehr im Vorteil seien, überzeugte wenig.

Es kam, wie es kommen musste, der Vertrag des Schweden wurde aufgelöst, was den zuständigen Osloer Behörden jedoch keine Lehre war, denn als Nächstes wurde eine Museumsdirektorin aus Dänemark geholt. Dass Allis Helleland in ihrem Heimatland nahegelegt worden war, ihre letzte Stelle freiwillig zu verlassen, um einer Kündigung zu entgehen (sämtliche Mitarbeiter hatten sich über den alle Maßen autoritären Führungsstil beschwert), brachte man erst in Erfahrung, als die neue Direktorin sich auch in Oslo in die Nesseln gesetzt hatte, indem sie fast einen Jahresetat für den Ankauf eines einzigen Werkes ausgab, ohne das Einverständnis der zuständigen Gremien eingeholt zu haben. Dass die zuständigen Gremien dieses Kunstwerk noch dazu für künstlerisch höchstens zweitrangig befanden, spielte da nur noch eine untergeordnete Rolle.

In dieser ganzen bewegten Zeit wachten hoch oben die Greifen über der Nationalgalerie. Sie wachten in fast epikureischem Geist, nämlich im Verborgenen, denn wenn man nicht weiß, wo man sie suchen soll, sind sie nur schwer zu finden. Sie stehen auf dem Dach des Gebäudes und sind nur zu sehen, wenn man die Nationalgalerie aus einiger Entfernung betrachtet, am besten von einem höhergelegenen Punkt aus.

Als 1871 Sparebanken die Gelder für das Skulpturenmuseum bereitstellte, wurden in einem Aufwasch bei dem Bildhauer Søren Lexow Hansen vier Greifen »nach antikem Vorbild« in Auftrag gegeben, folglich Tiere mit Löwenrumpf und Adlerkopf. Dem Bildhauer wurde auch eingeschärft, die

Greifen sollten »natürliche Größe« haben, darüber, wie man bei Fabeltieren die »natürliche Größe« ermittelt, sind leider keine Unterlagen erhalten.

Die Greifen wurden in der Stadt Drammen gegossen, und zwar nicht, wie damals üblich, aus Eisen oder Bronze, denn diese Materialien galten als zu vergänglich, und die Greifen sollten doch für ewige Zeit über der Galerie Wache halten. Deshalb wurden sie aus Zink angefertigt.

Sie wurden mit der Eisenbahn nach Oslo transportiert und dann in mühevoller Plackerei auf das Dach des neuen Museums gehievt (jeder Greif wog eine halbe Tonne). Und als sie dann dort oben standen, gerieten sie alsbald in Vergessenheit, weil sie ja nur dem kundigen Auge sichtbar sind. Ein Jahrhundert verging.

Der norwegische Krimiautor Jon Michelet berichtet in seinem Osloroman »Weiß wie Schnee« (übrigens eine wahre Fundgrube für Anekdoten über die Osloer Baugeschichte), was dann passierte. Der Hausmeister des Museums entdeckte eines Tages eine feuchte Stelle, eine undichte Dachluke war schuld. Also kletterte er aufs Dach, um die Dachluke abzudichten, und kam schreckensbleich wieder herunter. Zink mochte um 1870 als Material für die Ewigkeit gegolten haben, den Abgasen der Osloer Innenstadt aber war es nicht gewachsen. Die Greifen waren zerfressen, löchrig, wackelig, und drohten jederzeit vom Dach zu stürzen und die auf dem Parkplatz Tullinløkka abgestellten

Autos zu zerschmettern. Also wurden vier Ersatzgreifen gegossen, diesmal, abermals aus Haltbarkeitsgründen, aus mit Glasfaser armiertem Plastikbeton. Der Austausch der Greifen fand schließlich ohne großes Aufsehen statt, und wer nicht gerade Jon Michelet liest oder sich für die Lokalgeschichte der Osloer Innenstadt interessiert, hat keine Chance, zu erfahren, dass wir es nicht mehr mit echten Greifen aus Drammenser Zink zu tun haben.

Zwar ist bis auf Weiteres die Greifenfrage also geklärt, aber die Platzfrage besteht weiterhin und wird weiterhin diskutiert. Und da auf den Parkplatz Tullinløkka eigentlich nicht verzichtet werden kann, kam der Vorschlag auf, das Museum einfach zu verlegen. Am alten Osloer Westbahnhof sei Platz genug für einen Neubau, nachdem das alte Bahnhofsareal ja bei der Bewerbung um den Standort der neuen Oper als heißer Favorit ins Rennen gegangen war, dann aber nach zähem Ringen vom Stadtteil Bjørvika ausgestochen wurde. Ein Beschluss wurde gefasst – der natürlich heiß umstritten ist – und der Auftrag zum Museumsbau wurde öffentlich ausgeschrieben.

Für Osloreisende kommt diese Nachricht an sich schon einer Katastrophe gleich. Denn in der Osloer Innenstadt fehlt es nicht nur an Parkplätzen, sondern noch viel mehr an öffentlichen Toiletten, vor allem solchen, deren Benutzung kein Vermögen kostet – selbst in Kaufhäusern sitzen Damen mit grimmigem Greifenblick und kassieren erbarmungslos ab. In der Nationalgalerie dagegen sind die Toiletten durch das Foyer problemlos zu erreichen, kosten nichts und es herrscht nie großer Andrang. Und in Zeiten archaischer Telefontechnologie gab es dort noch dazu einen niemals defekten Münzfernsprecher mit immer unversehrtem Telefonbuch. Kein Neubau, zumal so weit vom Schuss wie der Westbahnhof, wird da jemals mithalten können.

Was denn aus dem altehrwürdigen alten Museumsgebäude werden solle, fragten erboste Umzugsgegner. Abreißen, meinte ein ehemaliger Museumsdirektor (immerhin ein Norweger) gelassen, das Gebäude sei teilweise marode, die Magazine so feucht und ungeeignet, dass ohnehin ein Großteil der dort gelagerten Kunstschätze kaum zu retten wäre, selbst, wenn plötzlich Gelder zur Restaurierung bereitgestellt würden. Außerdem komme erschwerend hinzu, dass aufgrund niemals durchgeführter Katalogisierung niemand so recht wisse, was dort eigentlich für Bilder lagern und von wem sie stammen.

Im August 2009 war es nun so weit. Die zuständige Behörde der Stadt Oslo fällte ihr Urteil, sechs eingereichte Entwürfe für die neue Nationalgalerie wurden ausgesucht und zur endgültigen Entscheidung der Öffentlichkeit vorgestellt. Das soll nun nicht heißen, dass die Öffentlichkeit mitentscheiden durfte, aber immerhin konnten sich nun alle eine Meinung bilden.

Die war einhellig: Grauenhaft! Unbrauchbar! Zumutung! Selbst die härtestgesottenen Osloer Urbanisten, Lifestylekritiker, für die außerhalb Oslos kein intelligentes Leben denkbar ist und die sonst nie ruhen, als bis sie wieder ein Stück des alten Oslo Berlin-Mitte oder Manhattan zum Verwechseln ähnlich gestaltet haben, schrien entsetzt auf. Dass für das nicht sehr geübte Auge zwischen den sechs präzisierten Entwürfen kaum ein Unterschied zu sehen ist, ist noch das kleinere Problem. »Eiskalte Containerästhetik«, so lautet das vernichtende Urteil der Experten, und eiskalte Containerästhetik ist nun wirklich kein Ort für Norwegens nationalromantische Maler, für den Bürgerschreck Christian Krohg oder die naturalistische Feministin Kitty Kielland. Ganz zu schweigen von den armen Greifen, von denen bei der ganzen Aufregung niemand mehr redet. Keiner der sechs Entwürfe berücksichtigt, dass die Greifen auch ein neues Zuhause brauchen werden, wenn die alte Nationalgalerie abgewrackt wird. Keiner der städtischen Vertreter hat die Greifen aber vorher erwähnt und die am Projekt interessierten Architekten darauf hingewiesen, dass sie ja den Greifenhorst auf dem Dach nicht vergessen dürfen.

Doch man kann bis auf Weiteres beruhigt sein, denn Osloer Bauvorhaben werden nicht mehr im rasanten Tempo des 19. Jahrhunderts verwirklicht, und so wie es aussieht, stehen den Fabeltieren noch allerlei fabelhafte Abenteuer bevor.

Idylle zwischen Alt und Neu

Spaziergang am Akerselva

In jeder Stadt gibt es diesen einen besonderen Ort. Mindestens einen, manchmal sind es auch zwei oder mehr. Aber einen besonderen Ort gibt es immer. Das ist der Ort, an dem man zur Ruhe kommt, an dem man stundenlang sitzen und ins Leere schauen kann, an dem einem die besten Ideen kommen, an dem alle Trauer verfliegt oder aller Ärger, je nachdem.

In Oslo ist dieser eine Ort kein Ort, sondern ein Fluss. Klein und versteckt zieht er sich durch die Teile der Stadt, in denen sich für viele Hauptstädter das wahre Leben abspielt – und das schon seit langer Zeit.

Es ist merkwürdig, doch so gut wie kein Reiseführer erwähnt diesen Fluss. Dabei ist er der einzig nennenswerte in Oslo. Akerselva heißt er. Er ist ein bescheidenes Gewässer, es sind gerade mal acht Kilometer vom Auslauf aus dem See Maridalsvannet bis zur Mündung in den Oslofjord.

Doch aller Kleinheit und Versteckheit zum Trotz hat der Akerselva für die Stadt eine besondere Bedeutung. Er ist nämlich die natürliche Grenze zwischen Ost und West. Und das ist nicht nur eine geografische, sondern auch eine gesellschaftliche

Trennlinie. Im Westen der Stadt leben die reichen Leute, und je weiter man nach Westen kommt, desto größer werden die Häuser, die Autos und die Portemonnaies. Der Osten der Stadt war lange den Arbeitern vorbehalten, später den Einwanderern und inzwischen den Kulturschaffenden und Künstlern.

Letztendlich hat die Industrialisierung den Akerselva zu dieser Grenze gemacht. In der Mitte des 19. Jahrhunderts hatte das Flüsschen so viel Bedeutung inne wie niemals zuvor oder danach. Es wurde der Standort zahlreicher Industrien. Zunächst siedelte sich dort 1845 die Textilfabrik Nydalens Compagnie, bald darauf die Spinnerei Nedre Vøien Spinderi an, kurz danach eine Weberei, eine Färberei und die Christiania Gaswerke. Sie alle nutzten die Kraft des Wassers. Und man sagt, über viele Jahre konnte man am Wasser erkennen, welche Farbe gerade in der Färberei verwendet wurde. Manchmal war das Wasser blau, an anderen Tagen rot oder gelb.

Bis ins Jahr 1900 schossen die Fabriken wie Pilze aus dem Boden. An beiden Ufern des fleißigen Akerselva drängten sich Fabrikhallen, Sägewerke und Brauereien neben Tabak- und Klavierfabriken. Es wurde bis zum Umfallen produziert, es entstanden unendlich viele Arbeitsplätze. In zahlreichen Fabriken waren hauptsächlich Frauen und Kinder beschäftigt, Tag und Nacht brummten die Maschinen. Es dauerte nicht lange, da entstand eine große

Wohnungsnot und aus dieser Not heraus die an den Fluss angrenzenden Stadtviertel wie Grønland, Grünerløkka, Sagene und Torshov. Man baute Holzhäuser, Kanalisation gab es keine, kurz: Es war nicht gerade gemütlich. Niemand wollte gern in diesem Lärm und Gestank am Fluss leben, doch die Arbeiterwohnungen waren erschwinglich, wenn alle Familienmitglieder mit anpackten, und für viele war es besser, dort zu wohnen, als gar kein Dach über dem Kopf zu haben …

Die Unterschiede zwischen Ost- und Westbevölkerung waren nicht zu übersehen und zu überhören. Die bleichen Herrschaften aus dem Westen genossen Bildung, die Arbeiter aus dem Osten schleppten Taurollen und bekamen davon gelbe Hände – man hatte nur wenig gemeinsam.

Der Ursprung dieser Trennung ist heute längst entfallen, die Stadt ist gewachsen, und was früher Osten war, gehört jetzt so gut wie zum Zentrum. Doch die Einteilung in Vestkant und Østkant ist geblieben, in der Sprache wie in den Köpfen der Menschen. Einer aus dem Osten spricht auch heute noch einen ganz anderen Dialekt als einer aus dem Westen. Die Kinder haben andere Namen: Während im Westen doppelt so viele Kinder Erlend, Christian, Ingrid, Thea, Nikolai oder Oscar heißen, lauten ihre Namen im Osten doppelt so häufig Anita, Linda, Roger, Tommy, Frank oder Jeannette. Das bleibt nicht ohne Folgen. »Wenn in einer neuen Klasse ein Junge Roger heißt, weiß ich, dass er die Schule aller Wahrscheinlichkeit nach vorzeitig abbrechen wird«, so ein Osloer Lehrer. Und auch wenn der Osten schon längst nicht mehr arm ist, so wohnt das »alte« Geld doch immer noch am Holmenkollen.

1915 war der Fluss schließlich so verunreinigt, dass man ernsthaft darüber nachdachte, ihn komplett zu überbauen. Doch es kam glücklicherweise ganz anders – die Fabriken verschwanden eine nach der anderen, und es entstand eine stille, heimliche Parklandschaft mitten in der Stadt. Man könnte inzwischen sogar wieder im Akerselva fischen, doch das fällt kaum einem Osloer ein, der die »große« Natur ja direkt vor der Haustür hat.

Die alten Fabrikgebäude entlang des Akerselva sind zum Teil noch erhalten. Warm glänzen die roten Backsteine in der Sonne, versteckt hinter dem dichten Uferbewuchs schauen sie wie friedliche alte Riesen hervor. Sie thronen still über Wasserfällen und vermitteln den Eindruck eines großen Freilichtmuseums. Größtenteils wurden die Gebäude aufwendig renoviert, damit sich neue Firmen dort ansiedeln können. Heute arbeiten in den Spinnereien und Brauereien von einst Grafikdesigner, Künstler und Architekten. Ein anderer Komplex ist zum Kulturzentrum Månefisken geworden, wieder ein anderer beherbergt den beliebten Konzertclub Blå. Die Zeiten des Schmutzes, der Ausbeutung und Vierundzwanzig-Stunden-Schichten sind vorüber. Es herrscht eine lebendige, beschwingte Atmosphäre am Akerselva. Eine Atmosphäre, die diesen kleinen Fluss zu einem ganz besonderen Ort macht.

Doch wie vieles in Oslo zeigt auch dieser Fluss seine schönen Seiten erst auf den zweiten Blick. Selbst das in Norwegen bekannte Volkslied »Akerselva« von Vilhelm Dywad, das dem Fluss huldigt und ihn in einem Atemzug mit Themse, Elbe und Donau nennt, hat dennoch den Refrain: *Akerselva du gamle og grå* – Akerselva, alt und grau.

Alt und grau. Nicht schön und blau. Der Hauptstädter geht nicht nach dem Einkaufsbummel auf der Prachtstraße Karl Johans Gate noch mal eben an die adrette Flusspromenade in der Innenstadt, nein. Erst nach einem Spaziergang durch die vielfältig bevölkerten Straßen des Viertels Grønland, vorbei an Ständen mit auffallend billigen Sonnenbrillen, vorüber an Bettlern und fremdländischen Gemüseläden und ein paar Kneipen, wo die sitzen, die schon morgens gerne ein Gläschen kippen, erreicht man eine Betonbrücke mit dem sprechenden Namen Vaterlandsbru. Wobei dieser Name nichts mit dem deutschen Vaterland zu tun hat. Seine Herkunft ist unter Lokalhistorikern umstritten, die Theorie, dass der Name von niederländischen Einwanderern stammt und Wasserland bedeutet, scheint zurzeit die meisten Anhänger zu haben. Und tatsächlich ist der Fluss dort, knapp fünfhundert Meter vor seiner Mündung in den Fjord, nicht besonders ansehnlich. Immer mal wieder schwimmen hier Fahrräder und Einkaufswagen herum, auf denen Enten sitzen, sich sonnen und ihr Gefieder reinigen.

Der Zauber des Akerselva zeigt sich dort noch nicht – täte er es, wäre er auch kein idyllisches Geheimnis mehr. Das muss man sich erlaufen.

Gleich hinter der Brücke führt eine kleine Treppe hinunter ans Ufer. Und dort entlang führt ein kleiner Weg immer flussaufwärts. Es sind nur zwei oder drei Kurven, dann beginnt das Naherholungsgebiet. Wenn man sich zwei Stunden Zeit nimmt, dem verschlungenen Flusslauf nach Norden zu folgen, gibt es zahlreiche kleine Oasen zu entdecken.

Zum Beispiel im berühmt-berüchtigten einstigen Arbeiterviertel Grünerløkka, das nach dem Münzmeister Friedrich Grüner benannt wurde.

Grünerløkkas kleine, ärmliche Holzhäuser von vor hundertfünfzig Jahren sind verschwunden. Von Arbeitern ist hier auch nicht mehr viel zu sehen, stattdessen scheint es nur so von jungen Leuten in »kreativen« Berufen zu wimmeln. Løkka, das ist gewissermaßen Oslos Prenzlauer Berg. Hier wohnt und arbeitet man, geht morgens zur Uni und abends aus. Hier sitzen pakistanische Großfamilien im Park und halten Picknick, während der Versicherungskaufmann in aller Eile seinen Hotdog verdrückt und eine Horde Kindergartenkinder die Verkehrsregeln lernt. Straßencafés und Spielplätze reihen sich aneinander, die Altbauten erstrahlen in renoviertem Glanz, Secondhandläden und Bäckereien, Antiquariate, Einrichtungsläden und Galerien machen das Stadtbild bunt. Es ist ein Multikulti-Viertel – mitten im Leben. Und gar nicht weit von dem Trubel, nur wenige Minuten entfernt von Løkkas Hauptstraße Thorvald Meyers Gate rauscht friedlich der Akerselva durch die Wiesen.

Vereinzelt stehen Bänke herum, und auf einer Brücke sitzt ein Teenagerpaar und knutscht. »W8 4U kl. 2 på kuba«, hat er wahrscheinlich in seine SMS geschrieben. »Warte auf dich um zwei Uhr in Kuba.« Und jetzt sitzen sie da am Ufer, mehr romantisch als cool, und sind froh, dass sie eine Auszeit nehmen konnten vom Stress des Hauptstadt-Teenagerdaseins. Um nach Kuba zu gelangen, muss in Oslo niemand weit reisen. Man kommt ganz einfach über die kleine Holzbrücke in Grünerløkka dorthin. Oder man steigt am viel befahrenen Maridalsveien aus dem Bus und geht die wenigen Minuten hinunter nach Kuba zu Fuß.

Wie dieses Areal zu seinem Namen kam, ist bis heute strittig, und jeder weiß dazu eine andere Geschichte zu erzählen. Fragt man alte Menschen, warum dieses Stück Wiese am Fluss ausgerechnet Kuba heißt, erzählen sie gerne, dass bis 1923 ein riesiger Gastank dort stand, der aussah wie ein großer Kubus, woraus auf Norwegisch kurzerhand der Würfel, also *kuba* wurde. Mit Fidel Castros Heimat hätte das wenig zu tun. Eine andere Geschichte geht noch weiter zurück: Als Anfang des 19. Jahrhunderts Grünerløkka boomte und die Häuser wie Pilze aus dem Boden schossen, nannte man den Stadtteil auch scherzhaft norwegisiert »Ny York«. Und weil Amerika auch damals schon ein beliebtes Vorbild war, wurde das Stück Land westlich des Wassers kurzerhand Kuba getauft. Dies wäre zumindest eine geografische Begründung, wenn sie auch ziemlich weit hergeholt scheint. Familien, deren Vorfahren im 19. Jahrhundert zur See fuhren, schwören, dass Kuba seinen Namen ihren Urgroßvätern zu verdanken habe, die von einer Reise nach Kuba zurückkehrten und versuchten, an den Ufern des Flusses Zuckerrohr anzubauen. Doch die Beweislage dafür ist dünn. Gerne erzählt man sich auch, dass die Mädchen, die in der Nachbarschaft wohnten, so schön waren wie die Mädchen auf Kuba, weshalb die abgemusterten Matrosen mit Vorliebe dort auf Freiersfüßen wandelten. Weit weniger romantisch, doch nichtsdestoweniger vorstellbar ist die Vermutung, dass die Kinder an den Flussufern Krieg spielten – was Kinder zweifelsohne zu allen Zeiten getan haben. Mit Vorliebe inszenierte man dort angeblich die Schlacht um Kuba im Krieg zwischen Spanien und den USA (1889). Womöglich ist es aber auch ganz anders und viel einfacher? Im 18. Jahrhundert lag in der Gegend das Gasthaus Kudske Bakken. Ist Kuba nichts weiter als der verkürzte Name einer längst vergessenen Kneipe? Man wird es vermutlich nie erfahren – und so ranken sich mehr Mythen als Lianen um die Bäume an Kubas Ufer. Und das sind keine Palmen, sondern Ulmen, und auch das Wasser ist (seit Abschaffung der Färbereien) nicht türkis, und dennoch eröffnet sich ein städtisches Paradies.

An einem jener Frühlingstage im Mai, wenn die Sonne schon wärmt, das Gras bereits trocken und die Luft noch frisch ist, zieht es die Leute in Scharen hierher, zum Grillen oder Chillen. Am 17. Mai, Norwegens Nationalfeiertag, finden sich hier Menschen aller Nationen zusammen und feiern. Bands spielen Musik aus aller Herren Länder und mancher Norweger hat dort (vermutlich nach ein paar Bier) zum ersten Mal im Leben Bauchtanz getanzt. Das ist Oslos Kuba: Ein Ort der Begegnung.

Eigentlich könnte man sich dort schon ins Gras legen. Nichts mehr tun für den Rest des Tages. Doch es lohnt sich, noch ein Stück weiter flussaufwärts zu gehen. Hier und da lässt eine Trauerweide ihre Zweige tief über das Wasser hängen, der Øvre Foss tost hinter der nächsten Kurve, und die Wiesen ziehen sich in sanften Hügeln hinauf zur Straße, die weiter entfernt zu sein scheint als die Küste Floridas, wenn man an der Schweinebucht steht.

Sollte dem einsamen Wanderer unterwegs die Kraft schwinden, winken auf dem Hof Vøyenvolden, ein Stückchen abseits des Flusses, frisch gebackene Waffeln und ein ruhiges Bänkchen. Der alte Stadthof aus dem 18. Jahrhundert, mit Scheune, Speicher, Knechtstube und anderen Gebäuden, lädt ein in eine vergangene Zeit. Es ist ein Stück lebendiger Geschichte mitten in einem modernen Wohnviertel. Und ganz anders als im Folkemuseum auf der Museumsinsel Bygdøy würde es einen dort wirklich nicht wundern, wenn im nächsten Moment eine Magd Hühner zusammenscheuchte und eine Köchin zum Essen riefe …

Dieser Stadtteil heißt Sagene. Sagene, das klingt nach alten Geschichten, noch mehr Mythen und Sagen. Lässt man sich den Namen auf der Zunge zergehen, stellt man sich gerade in diesem Land, in dem Trolle nichts Besonderes sind, vor, dass in den kleinen Gassen mit den geduckten Häuschen ein besonders märchenhaftes Herz schlüge. Doch leider lässt die Übersetzung des Namens alle Mythen zu Spänen zerfallen. Sagene ist nichts weiter als der schnöde Plural von *sag*. Säge – die Sägen.

Dort, rund um die Vøyenfallene, hatten schon lange vor der Industrialisierung die Sägewerke gestanden, deren Maschinen, durch die Kraft des Wassers angetrieben, Baum um Baum zerlegten, daher der Name also. Schade irgendwie.

Touristen verlaufen sich selten an die Ufer des oberen Akerselva. Nur wenige Hauptstadtbesucher finden den Weg zur Åmotbrua und lassen dort für eine halbe Stunde die Füße baumeln. Die Hängebrücke mit weiß gestrichenen dicken Stahlseilen ist ein Ruheplatz. Sie schwingt sanft, wenn ein Jogger darüberläuft oder auch nur ein langsamer Mann mit seinem alten Hund. An der Seite ist eine Tafel angebracht, auf der zu lesen steht: »100 mand kan jeg bære, men svigter under taktfast marsch – hundert Männer kann ich tragen, doch Marschieren im Takt halte ich nicht aus.« Auch die Brücken scheinen zum Widerstand gegen die deutschen Besatzer im Zweiten Weltkrieg ihren Teil beigetragen zu haben.

Die Gischt des Wasserfalls bricht sich im Sonnenlicht. Das Rauschen übertönt alle Stadtgeräusche und nur gelegentlich dringt eine Polizeisirene durch diese Urlaubskulisse und ein Gedanke drängt sich auf: Vielleicht, ja, vielleicht ist es richtig, dass Oslo dieses kleine Geheimnis für sich behält.

Die Familie ohne Namen

Das norwegische Königshaus

Alt ist die norwegische Monarchie nicht, kaum mehr als hundert Jahre. Andererseits ist sie uralt, über tausend Jahre, könnte man behaupten. Es kommt eben alles auf den Standpunkt an.

Seit dem ausgehenden Mittelalter stritten sich auch im hohen Norden die Adelshäuser um die Königsmacht, dann geriet Norwegen unter dänische Herrschaft und wurde vier Jahrhunderte hindurch von dort aus regiert. 1814 nutzte man die Gunst der Stunde (Dänemark hatte sich unklugerweise mit Napoleon verbündet, und nach dessen Sturz wurden auch seine Alliierten bestraft), erklärte sich für unabhängig und bot einem dänischen Prinzen die Krone an. Der Wiener Kongress wollte es anders und reichte Norwegen an die Siegermacht Schweden weiter, und so wurde 1818 Karl XIV. Johan von Schweden auch König Norwegens.

Über Jahrhunderte hatten die Monarchen in der Festung Akershus Hof gehalten. Das Osloer Schloss, wie es heute am Ende der Prachtstraße Karl Johans Gate thront, ist auf Betreiben des Schwedenkönigs entstanden. Der Bau begann 1825 und dauerte dann über vierzig Jahre. Karl Johan, der sich genau dieses Schloss an genau diesem Ort gewünscht hatte, hatte Pech und konnte seine vielfältigen Wünsche zu Lebzeiten nicht umgesetzt sehen. So zog erst sein Sohn Oscar dort ein. Seither residiert dort ein Königsgeschlecht höchst vielfältiger Couleur – eine Monarchie bunt zusammengewürfelt aus verschiedenen Ländern und Ständen.

Die Union mit Schweden endete 1905, und abermals – kleine Rache für 1814? – wurde die norwegische Krone einem dänischen Prinzen angeboten. Der hieß Carl und war verheiratet mit der englischen Prinzessin Maud, übrigens der Lieblingskusine des deutschen Kaisers Wilhelm II. Carl beschloss zwei Dinge:

Dass die neue Dynastie keinen Nachnamen haben sollte, anders als die Hohenzollern, Welfen, Grimaldi oder Oranje. Damit wollte er den Neuanfang des norwegischen Königshauses betonen, und aus demselben Grund legte er das dänische Carl ab und nahm den altehrwürdigen Wikingernamen Haakon an. Königin Maud brauchte keinen Wikingerinnennamen und hieß weiterhin Maud, ein Präzedenzfall, der hundert Jahre später Folgen zeitigte. Der hoch aufgeschossene, schlanke Haakon mit seiner militärischen Haltung gewann rasch die Herzen seiner neuen Untertanen und gilt in der Erinnerung seines Volkes als weiser Vermittler und tapferer Widersacher der Nazis. Königin Maud ist bekannt wegen ihrer Wespentaille und gilt eher als Spatzenhirn – vermutlich zu Unrecht, denn angeblich schrieb sie, wenn ihr das Geplapper bei Hofe zu dumm wurde, Theaterstücke, unter dem intellektuell klingenden Pseudonym P. Graham Irving. Da jedoch ihre Werke entweder verschollen oder in einem ganz besonders geheimen Schlossarchiv versteckt sind, weiß bislang niemand, um welche literarischen Schätze es sich möglicherweise handelt.

Haakon und Maud hatten den Sohn Olav, der später seinerseits König wurde. Olav, klein und kugelrund, scheint so gar keine Ähnlichkeit mit seinem Vater zu haben. Und das hatte seinen Grund. Als der Historiker Tor Bomann-Larssen zu Beginn des 21. Jahrhunderts an einem mehrbändigen Werk über das norwegische Königshaus arbeitete und erstmals zu bisher gesperrten Unterlagen Zugang hatte, fand er Erstaunliches heraus: Weil der königliche Nachwuchs auszubleiben drohte, wurde Haakons Adjutant zum Samenspender ernannt, der königliche Leibarzt, der die künstliche Befruchtung durchführte, wurde später mit einem hohen Orden belohnt, der Adjutant nicht – aber er hatte ja auch nur seine Pflicht getan, und sicher freute es ihn zu sehen, dass der Kronprinz ihm wie aus dem Gesicht geschnitten war.

Als das alles mehr als hundert Jahre später bekannt wurde, zuckten die Untertanen eigentlich nur mit den Achseln, inzwischen waren sie von ihrem Königshaus doch noch ganz andere Dinge gewöhnt. Nur juristisch Interessierte gingen kurz der Frage nach, ob König Olav eigentlich posthum die Königswürde aberkannt werden müsste – und was hätte das für Folgen für den amtierenden König, Harald, Olavs Sohn? Doch die juristische Lage war eindeutig, ein in der Ehe geborenes Kind gilt als Kind des Gatten, solange der keinen Einspruch erhebt, ganz einfach.

Olav vermählte sich mit der schwedischen Prinzessin Märtha, die starb, noch ehe ihr Mann seinem Vater auf den Thron folgen konnte. König Olav lebt in der Erinnerung seines Volkes weiter als eine Art Märchenkönig, klein und kugelrund, wie gesagt, mit roten Apfelbäckchen, immer gütig und gerne zum Kichern aufgelegt. Als er während der Ölkrise 1973 in Oslo mit der Straßenbahn fuhr und kein Fahrgeld dabei hatte, kicherte er. Als Schwarzfahrer bestraft wurde er jedoch nicht, er hatte zwar kein Bargeld zur Hand, doch auch er hatte einen Adjutanten, der schnell für beide bezahlte.

Olavs Schwiegertochter, die heutige Königin Sonja, zeichnet ein etwas anderes Bild. Als sie dazukam, hatten König und Kronprinz im Schloss seit Jahren eine Art Junggesellenleben geführt, Olav entpuppt sich in Sonjas Bericht als eine Art Soldatenkönig mit Hang zu preußischen Tugenden, und schlimmer noch, er war mit der neuen Schwiegertochter ganz und gar nicht einverstanden, und – das vertraute Sonja erstmals ihrem Biografen Ingar Sletten Kolloen an – bei jeder Auseinandersetzung bezog Kronprinz Harald die Position seines Vaters, statt zu seiner mühsam errungenen Gemahlin zu halten.

Denn Sonja hatte in den Augen ihres Schwiegervaters einen argen Makel: Sie war von bürgerlicher Herkunft, zwar aus reichem Osloer Kaufmannshaus, aber was half das schon? Es dauerte neun Jahre, bis der Kronprinz sich durchgesetzt hatte und seine Sonja heiraten durfte, wozu übrigens ein Parlamentsbeschluss notwendig war. Olav war nicht der Einzige, der das übel nahm – auch das Volk konnte seine Begeisterung offenbar bezwingen. Mein Schwiegervater hörte unmittelbar vor dem Besuch bei zwei alten Tanten im Radio von diesem Parlamentsbeschluss. Als er den Tanten davon erzählte, wurde ihm die Tür gewiesen. Kein norwegisches Parlament würde doch zulassen, dass der Kronprinz eine so skandalöse Mesalliance eingehe, also solle der freche Neffe ihnen hier nicht mit seinen Lügengeschichten kommen, fanden die empörten Damen. Man kann nur hoffen, dass sie sich im Laufe der Jahre mit dem königlichen Schicksal abgefunden haben, denn Königin Sonja überwand alles und ist heute bei ihren Untertanen – die ja lange Jahre ganz ohne Königin auskommen mussten – sehr beliebt.

Harald und Sonja haben zwei Kinder, Märtha Louise (geboren 1971) und Haakon Magnus. Märtha Louise, ein Jahr älter als ihr Bruder, schrieb bereits als einjähriges Baby Justizgeschichte. In Norwegen galt bei Königen die männliche Erbfolge, also war Haakon Magnus von Geburt an Thronfolger. In Norwegen aber gilt verfassungsmäßig, dass Frauen und Männer gleichberechtigt sind. Die in der Verfassung verankerte Gleichberechtigung der Geschlechter hatte es 1966, also nur wenige Jahre vor der Geburt der kleinen Prinzessin, ermöglicht, das noch aus der Wikingerzeit stammende Erbrecht, nach dem Brüder mehr erbten als ihre Schwestern, ersatzlos zu streichen – und das müsste dann doch auch im Königshaus gelten und somit die ein Jahr ältere Märtha Louise zur Thronfolgerin machen?

Die mit der Klärung dieser Frage beauftragten Herren beschlossen, die Entscheidung für eine Generation zu verschieben, nun sei Haakon Magnus doch schon zum Thronfolger ausgerufen worden, wieso da noch etwas ändern? Wenn er dann später zuerst eine Tochter bekäme, könne man die Sache ja noch einmal diskutieren.

Damit ist Märtha Louise die einzige Frau in Norwegen, für die es keine Gleichberechtigung gibt. Was sie ganz offenbar dazu ermutigte, ihre eigenen Wege zu gehen. So hat sie auf eine Apanage verzichtet, um keine repräsentativen Aufgaben übernehmen zu müssen – dass sie damit auch auf den Titel »Königliche Hoheit« verzichten muss und nunmehr selbst für ihren Lebensunterhalt aufkommt, scheint sie nicht weiter zu stören. Sie machte eine Ausbildung zur Physiotherapeutin.

Wie ihr Vater wollte sie lieber bürgerlich heiraten und nahm den Schriftsteller Ari Behn aus der Stadt Moss zum Mann. Den Unwillen wichtiger Herren kann Märtha Louise aber noch immer erregen. Die überaus an religiösen und spirituellen Dingen interessierte Prinzessin berichtete in einem Zeitungsinterview davon, wie sie mit ihrem Engel Kontakt aufgenommen habe. Sofort fielen die Bischöfe von Norwegens lutherischer Staatskirche über sie her, »Blasphemie«, sagten die Herren, »Kontakt zu Engeln? Purer Unsinn!« Das ging nun selbst Journalisten zu weit und sie stellten die kluge Frage: Was denn die Bischöfe eigentlich daran auszusetzen hätten, in der Bibel hätten die Leute doch dauernd irgendwelche Begegnung mit Engeln? »Schon«, erwiderten die Bischöfe, »aber man darf Engel nicht zum Kommen auffordern, sondern muss warten, bis sie sich von selbst melden.«

Während die Prinzessin also Übersinnliches erforscht und Bücher schreibt, amtiert ihr Bruder als Kronprinz. Haakon Magnus wurde im ersten Interview, das er aus Anlass seiner Volljährigkeit gab – 1991 – gefragt, wie er sich die künftige Königin Norwegens vorstelle. »Wie meine Schwester«, sagte er, was ein schönes Kompliment für Märtha Louise war. Die Ehefrau, die er sich zugelegt hat, die zukünftige Königin also, ist aber von ganz anderer Art. Auch die deutschsprachige Klatschpresse hat so viel über Mette-Marits voreheliche Abenteuer in der Osloer Drogenszene geschrieben, dass es müßig wäre, all das zu wiederholen. Mette-Marits angehende Untertanen störten sich zunächst gar nicht an der etwas halbseidenen Vergangenheit der ledigen jungen Mutter, auch die bürgerliche Herkunft einer zukünftigen Regentin war kein Thema mehr. Und das zu Recht, nach Adjutant und Kaufmannstochter ist das blaue Blut ja ohnehin arg verwässert. Das große Problem war der Name! Mette-Marit, so könne eine Königin nicht heißen, war die einhellige Ansicht. Beide Namensteile sind Abkürzungen von Margarete, und Mette-Marit ist ungefähr so, als hieße eine Deutsche Grete-Marga. Aber damit noch nicht genug, Mette-Marit hieß die Heldin einer in Norwegen lange Zeit sehr beliebten Mädelbuchserie von der auch hierzulande bekannten Sorte: Das in den ersten Bänden durchaus freche, selbstbewusste und aufmüpfige Mädel wird durch Dressur und Anpassung an die gesellschaftlichen Verhältnisse zur braven, dem Manne gehorsamen Hausfrau und Mutter. Eine norwegische Mette-Marit ist somit so ungefähr das Äquivalent zu einem deutschen Kind, das von seinen schlecht beratenen Eltern Nesthäkchen oder Försters Pucki getauft wird – und ein günstiges Licht auf die Lesegewohnheiten der Schwiegereltern des Königs in spe wirft diese Namenswahl natürlich auch nicht. Doch nachdem zuerst tatsächlich über einen besser passenden Namen für die angehende Kronprinzessin spekuliert wurde, durfte sie ihren am Ende doch behalten.

Schließlich war damals auch Maud bei ihrem Namen geblieben, womit sich dieser leichtfertige Entschluss ein Jahrhundert später zu rächen schien.

Die Erbfolge ist inzwischen geändert, die Erstgeborene des Kronprinzenpaares wird dereinst als Königin Ingrid Alexandra auf dem Thron sitzen. Aber erst einmal sind irgendwann Ingrid Alexandras Eltern an der Reihe.

Als König Harald sich vor einigen Jahren einer schweren Operation unterziehen musste, wurde der Kronprinz für die Zeit bis zur Genesung seines Vaters zum Regenten ernannt, ganz wie sich das gehört. Das norwegische Fernsehen postierte sich auf Oslos Prachtstraße Karl Johans Gate und fragte Passanten, was sie davon hielten. Naja, sagten alle, der Kronprinz wird zweifellos ein sehr guter Regent sein, aber Mette-Marit als Regentin? Das kann doch nicht gut gehen. Und wen die Untertanen denn lieber als Regentin sehen würden, war die nächste Frage. Die Antwort war immer dieselbe: Prinzessin Märtha Louise natürlich.

Das Interessanteste kommt aber noch. Diese Interviews wurden nachmittags gesendet. In den Abendnachrichten waren zwar dieselben Leute zu sehen, nur waren die Interviews seltsam gekürzt worden. Der Kronprinz werde ein hervorragender Regent sein, sagten sie, dann wurde ihnen der Ton abgedreht. Zum Glück sind auch in Norwegen die Zeiten vorbei, wo Untertanen, die die Fähigkeiten der Königlichen anzweifeln, einfach in die Kohlenbergwerke von Spitzbergen verbannt werden konnten.

Am nächsten Morgen kam dann die amtliche Verlautbarung vom Königsschloss: Während der Krankheit des Königs werde der Kronprinz die Pflichten des Regenten übernehmen, freundlicherweise habe seine Schwester sich bereit erklärt, ihm als Regentin zur Seite zu stehen.

Wir sehen, das norwegische Königshaus braucht gar keinen Nachnamen, um mit bester Unterhaltung zu brillieren, und man kann gespannt erwarten, was als Nächstes kommt.

Einsam, zweisam, dreisam

Alleinerziehend in der Hauptstadt

Es ist sechs Uhr fünfundzwanzig, von der Gästematratze im Wohnzimmer aus ist ein Stück Himmel zu sehen, und irgendetwas stimmt nicht. Sonst ist um diese Zeit fröhlicher Kindergesang aus der Küche zu hören. Heute ist es still.

Berit und Linn haben verschlafen. Der Wecker hat nicht wie üblich um sechs Uhr geklingelt, und aus unerfindlichen Gründen hat auch Linns sonst so verlässlicher »Mama! Pipi!«-Ruf sich um eine gute halbe Stunde verzögert. Jetzt geraten die beiden in Stress.

Berit ist neunundzwanzig Jahre alt, bewohnt eine Zweizimmerwohnung und managt ihr Singleleben, ein Kindergartenkind und einen Vollzeitjob. Die Wohnung hat sie für eineinhalb Millionen Kronen gekauft, nachdem sie sich von Vegård, Linns Vater, getrennt und sich stattdessen mit Leib und Seele an die Bank verkauft hat. Sie verdient nicht schlecht, aber auch nicht gut. Sie lacht, als sie sagt: »Irgendwelche Tierchen haben mein Konto befallen. Zum Monatsende haben sie immer alles aufgefressen.«

Tatsächlich ist es oft knapp. Viel Geld für Urlaubsreisen oder besondere Anschaffungen bleibt ihr nicht. Zwar bekommt sie tausend Kronen Kindergeld im Monat, aber neben den Raten für die Wohnung muss sie zweitausenddreihundert Kronen aufbringen um den Kindergartenplatz zu bezahlen. Es müssen Kinderkleidchen, Mamakleidchen, Brot, Käse und Marmelade gekauft werden. Außerdem steigen die Zinsen auf den Dispositionskredit.

Die Kunstoriginale an den Wänden des kleinen Wohnzimmers im Grenseveien sind die einzige Sammelleidenschaft, die Berit sich nicht nehmen lässt – dann verzichtet sie lieber auf ein paar Gläser Wein oder sucht sich einen Kavalier, der sie einlädt.

Berit ist kein Einzelfall. Die Zahl der alleinerziehenden Eltern in Oslo wächst stetig. Im Jahr 2008 stellte das Statistisk Sentralbyrå zwar erfreut fest, dass die Bereitschaft zu heiraten gestiegen ist – über fünfundzwanzigtausend Ehen wurden in diesem Jahr eingegangen –, doch die Scheidungsrate im selben Jahr lag bei knapp elftausend.

Insgesamt ist in Norwegen eine eindeutige Tendenz festzustellen, sich früh zu verschulden, zu binden, zu etablieren und eine Familie zu gründen. Im Schnitt sind norwegische Frauen mit spätestens vierundzwanzig in einer festen Beziehung und bekommen bald darauf ihr erstes Kind. Zum zinsgünstigen Ausbildungskredit gesellt sich mit dem Partner dann recht zügig ein saftiger Wohnungskredit, denn in Oslo wohnt man nicht gern zur Miete – das Preis-Leistungs-Verhältnis stimmt bei Mietwohnungen fast nie.

Es mag eine Begleiterscheinung der bislang stabilen wirtschaftlichen Situation Norwegens sein, dass es jungen Menschen keine Bauchschmerzen bereitet, sich über beide Ohren zu verschulden. In Zeiten der Wirtschaftskrise ist nun von den Mittdreißigern erstmals ein Umdenken gefordert, denn auch die norwegischen Banken sehen ihre Felle davonschwimmen und geizen mit Krediten.

Für Berit ist das ein Desaster. Sie hat sich von ihrem Exfreund Vegård ihren Anteil der gemeinsamen Wohnung auszahlen lassen, als sie feststellte, dass er doch nicht der richtige Partner für den Rest des Lebens war, und investierte alles, was sie hatte, (und noch einiges mehr) in ein neues Zuhause. Nun fressen ihr die Zinsen Löcher ins Portemonnaie und die Schulden bereiten ihr schlaflose Nächte. Dazu kommt die Angst, die Wohnung nicht mehr für einen angemessenen Preis verkaufen zu können, sollte es vonnöten sein. Im ersten Quartal des Jahres 2009 sind die Wohnungspreise um knapp sechs Prozent gesunken – und das nach Jahren eines ständigen Aufwärtstrends. Wohnraum in Oslo war fast mit Gold aufzuwiegen. Selbst in den früheren Arbeitervierteln der Stadt, Grønland, Grünerløkka, Torshov und noch weiter aus der Stadt hinaus, sind die Preise über zehn Jahre beständig angestiegen.

Berit wohnt am Carl Berners Plass. Die Gegend hier hat sich nur langsam von einem sozial schwachen Viertel zu einer akzeptablen Wohngegend gemausert. Das Haus ist ein roter Backsteinwohnblock. Vier bis sechs Stockwerke hoch steht dort einer neben dem anderen, die Hausnummern gehen von A bis G, zwischen den Blöcken sind Wiesen, Spielplätze und Picknickplätze. Berit ist froh, dass sie hier eine Zweizimmerwohnung gefunden hat. Im Nachbaraufgang ist kürzlich eine Freundin eingezogen, die ebenfalls allein lebt, gegenüber wohnt ein Freund, der ihr in dunklen Stunden Gesellschaft leistet, und die U-Bahn ist keine fünf Minuten Fußmarsch entfernt. »Mir war wichtig, dass ich den Kinderwagen unten stehen lassen kann«, sagt Berit, »wo soll ich denn sonst auch hin damit?«

Linn steht inzwischen auf dem kleinen Tritt vor dem Waschbecken und planscht fröhlich mit ihrer Kinderzahnbürste herum. Berit mahnt sie zu Eile. Sie kann unmöglich noch einmal zu spät zur Arbeit kommen. Diese Woche musste sie schon einen Tag Urlaub nehmen, weil Linn über Ohrenschmerzen klagte, und nach einem Abschiedsdrama im Kindergarten am Vortag war sie mit fast einer Stunde Verspätung im Büro der Hochschule angekommen, wo sie in der Studentenbetreuung arbeitet.

Sie freut sich schon jetzt auf den Feierabend, denn heute wird Vegård Linn vom Kindergarten abholen, und Berit ist mit einer alten Schulfreundin verabredet, mit der sie in den Jazzclub Blå in Grünerløkka gehen will. »Vielleicht treffe ich ja heute Mister Right«, sagt sie und macht große Augen.

Vegård war zwar nicht Mister Right, aber er steht für alle Vaterpflichten zur Verfügung. Die beiden haben eine klare Absprache getroffen. Linn wechselt ihr Zuhause von Woche zu Woche. Sie wächst bei beiden Eltern auf. Von Berit und Vegård verlangt das gute Kommunikation, Verlässlichkeit und die Bereitschaft, sich auch weiterhin mit dem Expartner auseinanderzusetzen. Natürlich ist das nicht immer einfach. Oft sitzt Berit abends zu Hause und ist wieder mal richtig wütend auf Vegård. »Er merkt einfach nicht rechtzeitig, wenn es Linn schlecht geht«, beklagt sie sich. »Sie hat Fieber und er zieht ihr das Hemdchen aus, weil er denkt, ihr sei einfach nur warm. Manchmal habe ich Angst, dass etwas passiert.« Auch Vegård ist nicht mit allem einverstanden, was Berit tut, doch sie schaffen es immer wieder, sich zu einigen. Linn zuliebe.

Endlich ist es Berit gelungen, Linn davon zu überzeugen, sich eine Jacke anziehen zu lassen, dann verlassen die beiden das Haus. Auf dem Weg zum Kindergarten unterhalten sie sich angeregt. »Heute Nachmittag holt dich Papa ab«, sagt Berit. »Papa«, sagt Linn. »Genau. Und du musst schön lieb sein bei Papa.« »Lieb.« Berit gibt Linn einen Kuss und sagt: »Mama muss jetzt zur Arbeit. Tschüss mein Schatz.« »Mamarbeit«, stellt Linn fest. »Paparbeit.« Berit nickt. »Omarbeit. Linnarbeit. Allearbeit.«

Genau so sieht die Welt aus Kinderaugen wohl aus. Das klassische Modell der Kernfamilie ist in Oslo eindeutig überholt. Nach einem halben Jahr Elternzeit ist die Mutter meist zurück in ihrem Beruf, vielleicht noch ein halbes Jahr Teilzeit, doch am liebsten so schnell es geht in alter Leistungsstärke. *Mama-permisjon* und *Pappa-permisjon* nennt man die Elternzeit umgangssprachlich, und auch dabei wird gerecht aufgeteilt. Ein halbes Jahr bleibt Mama zu Hause und ein halbes Jahr Papa.

Immer mehr Mütter und Väter mit Karren und Wagen, Rucksäcken und Taschen streben wie auf einer Bürgersteigautobahn dem Kindergarten entgegen. Der Anblick ist geradezu unglaublich emanzipiert, liberal und gleichberechtigt. Man kann sich des Eindrucks nicht erwehren, dass Oslo sich kollektiv für das Wohl des Kindes entschieden hat. Tatsache ist aber, dass die jungen Städter heute ihr Leben so organisieren, wie der Puls der Zeit es ihnen vorgibt. Man bleibt nicht mehr »nur« wegen der Kinder zusammen, wenn es mit dem Zusammenleben nicht klappt. Genug Eltern leben vor, dass man Kinder auch gemeinsam erziehen kann, wenn man nicht mehr zusammen ist.

Viele junge norwegische Familien finden einen Weg, die schwierigen Umstände, die durch Trennung entstehen, zu strukturieren und so zu gestalten, dass nach Möglichkeit wenig Schaden entsteht und jeder Einzelne auch noch Freiräume für sich selbst findet. Linn hat akzeptiert, dass sie mal bei Vegård ist und mal bei Berit. Manchmal gehen die drei auch zusammen auf den Spielplatz, rutschen und backen Sandkuchen. Vegård und Berit trinken einen »Latte to go« und besprechen die nächste Woche. Danach fällt es Berit schwer, sich von Vegård und Linn zu verabschieden und allein nach Hause in ihr halbes Leben zu gehen. Sie muss sich ranhalten und die Zeit nutzen, in der sie »Linn-frei« hat. Denn in den Wochen, in denen Linn bei ihr ist, arbeitet Berit eine Stunde weniger pro Tag. Wenn Vegård an der Reihe ist, muss sie die versäumten Stunden nacharbeiten. So hat sie es mit ihrem Arbeitgeber abgesprochen. »Vegård als Freiberufler hat es da einfacher«, sagt sie.

Es ist fast idyllisch, wie dieses einstige Paar gemeinsam zu Elternveranstaltungen geht und sich gemeinsam kümmert. Und wenn nun eine neue Frau oder ein neuer Mann auftaucht?

»Klar habe ich Angst davor, dass Vegård eine neue Freundin findet. Solange wir beide solo sind, ist alles nicht so schwierig«, sagt sie, doch gleichzeitig ist sie selbst auf der Suche nach einem Mann. Sie möchte heiraten, ihr Leben auch mit jemandem teilen, der nicht nur Kinderfernsehen schaut und Lego spielt. Sie sehnt sich nach einem Partner.

»Oslo ist eben eine Großstadt. Alles ist so schnelllebig und oberflächlich«, sagt sie. »Ich kann jedes Wochenende jemanden mit nach Hause nehmen, das ist wirklich kein Problem. Aber ich will ja ganz etwas anderes.«

In vielerlei Hinsicht ist Amerika noch immer das große Vorbild Norwegens. Wenn es ums Dating geht, steht Oslo New York wahrlich in nichts nach. Mit größter Selbstverständlichkeit werden neue gegengeschlechtliche Partner ausprobiert und auf Tauglichkeit geprüft, an vorübergehenden sexuellen Begegnungen ist nichts auszusetzen und man unterscheidet ganz klar zwischen Date und Partnerschaft. Berit jedenfalls datet, was das Zeug hält. Auf *www.cupido.no* trifft sie abends, wenn Linn im Bett ist, neue Bekannte, verabredet sich und geht an den Tagen, an denen Linn bei Vegård ist, regelmäßig aus, um herauszufinden, welche Männer hinter den virtuellen Profilen stecken. Doch bislang war Mister Right noch nicht dabei. Denn auch wenn das Großstadtleben ihr in vieler Hinsicht schnell das Gefühl geben kann, dass sie sich nicht von all den anderen Singlefrauen unterscheidet, ist sie doch alle zwei Wochen Mutter einer kleinen Tochter und muss viele Zugeständnisse machen.

Die Stadt ist Fluch und Segen gleichermaßen. »Oslo hilft mir, mich wie eine moderne junge Frau zu fühlen«, sagt Berit. »Ich bin nicht auf meine Mutterrolle reduziert, ich arbeite, ich gehe aus, ich treffe Menschen. Das ist unheimlich erleichternd und es hilft mir, damit zurechtzukommen, dass meine Beziehung gescheitert ist. Ich würde eingehen, wenn ich nur den Kinderwagen durch die Gegend schieben müsste.«

Was Berit ausspricht, ist den vielen Alleinerziehenden nur gar zu vertraut – und dabei ist es völlig unerheblich, ob sie Deutsche, Norweger oder Franzosen sind. Doch von außen betrachtet scheint es, als würde Oslo es der jungen Frau leichter machen als manch andere Großstadt. Vielleicht weil sie eine kleine Großstadt ist und somit die Vorzüge des Urbanen mit den Vorzügen des Kleinstädtischen verbindet. Oslo ist kein Moloch, Oslo ist Zuhause.

Um keinen Preis würde Berit zurückgehen in ihren kleinen Heimatort an der Nord-Westküste, sie liebt die leichte Multikulti-Atmosphäre ihres Stadtteils. Sie geht gern zu Fuß in die Stadt, durch die kleine Solhauggata und die unbefahrene Tromsøgata durch ein Viertel, das so verschlafen und idyllisch ist, dass man meinen könnte, irgendwo auf dem Land zu sein. Sie mag die Klubs und Cafés, Bar Boca in der Thorvald Meyers Gate und das kleine Café am Sofienbergparken, wo nur drei Sessel reinpassen, zum Beispiel. Jon, der Wirt, macht schon immer eine Tasse Milchschaum für Linn, wenn er die beiden kommen sieht.

Am Nachmittag holt Vegård Linn vom Kindergarten ab und geht mit ihr auf den Spielplatz. Berit hat noch Zeit, sich in Ruhe fertig zu machen, bevor sie sich mit ihrer Freundin trifft. Und dann, wenn am Abend die Lichter angehen, die Band spielt und ein netter junger Mann ihr ein Glas Wein spendiert, kann sie aufs Neue entscheiden, ob sie heute Nacht einsam oder zweisam sein will.

Ibsens Badewanne

Annäherungen an ein unsterbliches Genie

Alle, die gern ins Theater gehen, kommen früher oder später in Berührung mit Henrik Ibsen, Norwegens berühmtestem und überhaupt einem der meistgespielten Dramatiker auf der ganzen Welt. Ibsen zeigte in seinen Stücken mit erbarmungsloser Schärfe Verlogenheit und hemmungsloses Profitstreben des Bürgertums, griff schon vor über hundert Jahren die Problematik der Umweltzerstörung auf und schilderte vor allem immer wieder, wie die rigorose Festlegung auf Männer- und Frauenrollen aus den Männern emotionale Krüppel macht und den Frauen jegliche Möglichkeit zur Selbstverwirklichung raubt.

So könnte es im Literaturlexikon stehen, und natürlich ist auch alles wahr, aber zum Glück hatte ich beim Studium einen Norwegischprofessor, der ein international anerkannter Ibsen-Fachmann war und bis heute ist und seinen Studierenden noch einen anderen Blick auf den großen Dichter eröffnete. Dieser Professor lockerte den Unterricht gern durch allerlei Anekdoten auf und kratzte dann mit feinem Lächeln am goldenen Heldenbild, das die Nachwelt von Henrik Ibsen gemalt hat. Vor allem in der Hauptstadt pflegt man Ibsens Andenken sorgfältig und mit Bedacht. Oslo ohne Henrik Ibsen ist kaum vorstellbar. Gleich vor dem Nationaltheater hat man ihn auf einen hohen Sockel gestellt, und auch sonst begegnet man der Ikone überall in der Stadt.

Wie aber war sein Verhältnis zu dieser Stadt wirklich?

Dreiundzwanzig Jahre seines Lebens verbrachte Ibsen insgesamt in Oslo, das damals allerdings noch Kristiania hieß. Sein erster Aufenthalt in der norwegischen Hauptstadt begann im Jahre 1850, schon vorher hatte er die Stadt jedoch zum Schauplatz eines Kriminalromans gemacht (den er leider nie vollendete), der auf der Festung Akershus spielen sollte. Hauptperson in diesem Roman war der 1799 in Kerkerhaft verstorbene Christian Lofthuus, Anführer eines Bauernaufstands und Großvater der von Ibsen in Grimstad geschwängerten Magd (von der später noch die Rede sein wird).

Auch Ibsens erstes Drama, das in Kristiania immerhin zweimal aufgeführt wurde, gilt als verschollen. Es trug den Titel »Der Riesenhügel« und handelte von dem jungen Wikinger Gandalf, der nach England segelte, um dort den Tod seines Vaters Bernhard zu rächen. Nur war Bernhard gar nicht tot, sondern zum Christentum übergetreten. Alle Irrtümer wurden beseitigt und Gandalf mit Bernhards französischer Pflegetochter Blanka verheiratet. Dieser Stoff reichte allerdings nur für einen Akt. Um das erfolglose Stück wenigstens in Druck geben zu können, versprach Ibsen dem Verleger P. F. Steenballe als Gratiszugabe ein episches Gedicht mit dem Titel »Die goldene Harfe« – doch das Buch ist niemals erschienen und niemand weiß, ob Ibsen das verheißungsvolle Werk jemals zu Papier brachte. Immerhin bekam er – der immer sehr genau darauf achtete, auch ja keinen Öre zu wenig zu erhalten – zehn Speziesthaler Vorschuss. Die konnte er sehr gut brauchen, denn der Erfolg ließ auf sich warten. Schließlich mochte Ibsen nicht mehr warten, verließ Kristiania und kehrte erst viele Jahrzehnte später zurück, als er schon längst zu Weltruhm gelangt war.

Als Ibsen, nach siebenundzwanzig vor allem in Italien und München verbrachten Jahren, 1891 in die Hauptstadt zurückkehrte, ließen er und seine Frau Suzannah sich zunächst im Viertel Victoria Terrassen nieder, unweit von Kristianias Prachtstraße Karl Johans Gate und des königlichen Schlosses und doch so gelegen, dass Ibsen von seinem Schreibtisch aus einen wunderbaren Blick auf den Kristianiafjord hatte – das fand er beim Schreiben inspirierend. Doch die Wohnung war feucht und kalt und tat der gichtkranken Suzannah überhaupt nicht gut, weshalb sie darauf bestand, die folgenden Winter in milderem Klima zu verbringen. Dabei hatte die Wohnung in Victoria Terrassen als besondere Attraktion Wasser aus drei verschiedenen Hähnen zu bieten: Kalt, Warm – und Salzwasser! Und das zu einer Zeit, als fließend Wasser in den meisten Wohnungen in Kristiania noch ein unerschwinglicher Luxus war. Ob Henrik Ibsen das Salzwasser je nutzte, wissen wir nicht.

In den Häusern in Victoria Terrassen befanden sich bis zum Abriss um 1960 in allen Untergeschossen Markthallen. Durch den Zufluss von Meerwasser konnten dort lebende Fische verkauft werden (was Ibsen jedoch vermutlich wenig interessierte).

Bis Suzannahs Gatte eine neue Wohnung suchte und schließlich in der Arbinsgate fand, verging eine ganze Weile. Überhaupt hatte es eine besondere Bewandtnis mit dieser Wohnungssuche: Henrik Ibsen, der in Deutschland den Ruf eines emanzipationsbegeisterten Frauenverstehers genießt, verlangte dieses Verständnis eher von der Gegenseite, vor allem aber von seiner Frau. Regelmäßig hinterging er sie mit jungen Verehrerinnen, denen er einredete, es sei ihre Pflicht im Namen der Kunst, mit ihm in ein anderes Land zu gehen und ihn hinfort zu noch bedeutenderen Werken zu inspirieren. Sowie die jeweilige junge Muse dann überzeugt war und seine Bitten erhören wollte, war alles nicht so gemeint und er zeigte sich ganz schnell mit der leidgeprüften Suzannah in aller Öffentlichkeit. Die Muse und die Klatschpresse wussten dann, dass die Scheidungsgerüchte abermals gewaltig übertrieben gewesen waren.

So war auch die Vorgeschichte des Umzugs

in die Arbinsgate. Diesmal aber hatte Suzannah das Treiben ihres Mannes offenbar so satt, dass sie ihm in einem wutschnaubenden Brief ihrerseits mit Scheidung drohte. Die aktuelle Muse unterschrieb – das behaupten wenigstens einige Biografen – ihre Briefe bereits mit »Hildur Ibsen«, worauf Henrik sich auf die Wohnungssuche machte, um Suzannah schnell umzustimmen. Und so kamen Ibsens zu dieser prachtvollen Wohnung von fast dreihundertfünfzig Quadratmetern in der Arbinsgate 1, mit Blick aufs Schloss, in der seit 1993 ein Museum untergebracht ist. Dort schrieb Ibsen seine beiden letzten Stücke, »Johan Gabriel Borkman« und »Wenn wir Toten erwachen«. Neben der Schreibweise »Arbinsgate« stößt man übrigens auch häufig auf »Arbiensgate«. Amtlich korrekt ist seit 1990 »Arbins«, was allerdings historisch korrekt ist, ist umstritten. Die Straße wurde nach dem vormaligen Besitzer der später bebauten Grundstücke benannt, und dieser Herr schrieb sich mal Arbien, mal Arbin, ohne dass je ein System zu erkennen gewesen wäre. Ausgesprochen aber wird es immer gleich: Ar-bihn.

Das in der Arbinsgate beheimatete Ibsen-Museum hatte energisch versucht, die Schreibweise Arbien durchzusetzen (die Henrik Ibsen bevorzugte), doch die Osloer Bürokratie wollte es anders.

Henrik Ibsen starb 1906, Suzannah Ibsen 1916. Dass die Wohnung, in der beide auch starben, erst so viele Jahre später zum Museum wurde, mag verwundern. Die Ibsen-Familie wollte die Wohnung samt Inventar gleich nach Suzannahs Tod der Stadt Kristiania als Museum überlassen, aber die Stadtväter winkten ab, viel zu teuer. Und so wurde die Wohnung ausgeräumt, diente zuerst als Zahnarztpraxis, dann als Büroräume einer Versicherungsgesellschaft, bis das Engagement von Ibsen-Fans – allen voran der Schauspieler Knut Wigert, der immer wieder in Ibsen-Rollen brilliert hatte – und (legitimen) Nachkommen aus der Urenkelgeneration 1993 endlich Erfolg hatte. Die Versicherungsgesellschaft wollte umziehen, Sponsoren wurden gefunden, die Stadt Oslo erkannte, dass ein Ibsen-Museum gar nicht schlecht für das Image der Stadt wäre, die hart daran arbeitete, sich einen Ruf als kulturelle Metropole zu verdienen.

Nach all den Jahren aber war die Wohnung innerlich gewaltig verändert und oftmals umgebaut worden, die ursprünglichen Einrichtungsgegenstände in alle Winde zerstreut. Jedoch waren noch die alten Grundrisse vorhanden, also konnte rückgebaut werden. Viele Möbel und Bilder befanden sich im Familienbesitz, Ibsens Schreibtisch und sein schwarzer Gehrock waren im norwegischen Volkskundemuseum auf Bygdøy zu sehen und kehrten nun an ihren angestammten Platz zurück. Von den meisten Dingen, vor allem von Ibsens Gemäldesammlung, war bekannt, wo sie sich befanden, in einigen Fällen aber waren und sind die heutigen Besitzer nicht bereit, sich von den Gegenständen zu trennen. In der Hoffnung auf Meinungsumschwung werden dafür in der permanenten Ibsen-Ausstellung im Museum Plätze freigehalten.

Ein Prunkstück des Museums ist zweifellos Ibsens Badewanne. Die steht, natürlich, in Ibsens Badezimmer, weiß emailliert von innen, mit prachtvollem braunen Holzrahmen, auf dem er Pfeife, Cognac und ein Buch unterbringen konnte, ein Wunderwerk moderner Restaurierungstechnik. Denn weder Zahnarzt noch Versicherung hatten in ihren Diensträumen eine Badewanne gebrauchen können. Und nachdem das sperrige Ding eine Weile herumgestanden hatte, wurde es auf den Schrotthaufen der Geschichte geworfen und als Sperrmüll abgeschleppt. Aber weil die Wanne ja doch ein solides, dichtes Teil war, übernahm ein Bauer das inzwischen von seinem schönen Holzrahmen befreite zukünftige Prunkstück und stellte es auf seine Weide. Da stand die Badewanne dann, jahraus, jahrein, und es gibt etliche Fotos, auf denen immer neue Generationen von Kühen daraus ihren Durst löschen.

Zum Glück für die Museumsleitung erzählte man in der Bauernfamilie gern über Ibsens Badewanne, die jetzt als Viehtränke diente, weshalb (anders als beim Kachelofen, einem weiteren Prunkstück aus Ibsens rekonstruierter Wohnung) keine jahrelange detektivische Suche nötig war, um sie aufzutreiben, als das Museum eingerichtet wurde.

Zudem ist die Badewanne schön schwer – es besteht also keine Gefahr, dass ein raffgieriger Museumsbesucher sie mitgehen lässt, wie es einigen Figuren von Ibsens Teufelsorchester widerfuhr. Das Teufelsorchester war eine Sammlung von kleinen Figuren, musizierenden Teufelchen, Fröschen und Elefanten, die Ibsen auf dem Schreibtisch stehen hatte, um durch ihren Anblick an die Vergänglichkeit jeglichen irdischen Prunks erinnert zu werden. Heute sind nur noch ein Mandoline spielender Frosch und zwei Teufel mit einem Tintenfass vorhanden, der Rest wurde 1980 bei einer Ausstellung im Norwegischen Volkskundemuseum auf Bygdøy entwendet.

Zurück zur Wanne. Im Laufe der Jahrzehnte hatte die schöne Badewanne auf der Weide sehr gelitten. Auf den während der Restaurierungsarbeiten gemachten Filmaufnahmen ist sie durchaus nicht wiederzuerkennen, sie ist zerkratzt, zerschunden, zersprungen. (Der große Sprung unweit des Abflusses ist allerdings nicht dem Temperament der norwegischen Kühe zu verdanken, sondern den strengen norwegischen Wintern.) Aber nun steht sie endlich wieder in Ibsens Badezimmer, wie gesagt, ein Prunkstück. Man könnte darin baden, wenn man dürfte, und wüsste gern, ob Ibsen das je getan hat.

Henrik Ibsen zeigte sich gern in der Hauptstadt. Täglich zur selben Zeit machte er seinen Spaziergang von der Arbinsgate vorbei am Königsschloss zum Grand Hotel auf Oslos Prachtstraße Karl Johans Gate. Vor der Universität, zwischen Schloss und Grand gelegen, blieb er um Punkt ein Uhr mittags stehen und stellte seine Uhr. Danach begab er sich, immer mit genau zweihundertsiebenundachtzig Schritten, ins Café des Grand Hotel, wo er seinen festen Platz hatte (den die Kellner noch heute gern zeigen), sogar sein festes Besteck lag dort.

Schon 1899 ließ die Hotelleitung im Café ein Bronzeschild anbringen: »Reserviert für Dr. Henrik Ibsen.« Der Doktortitel, auf den er nicht wenig stolz war, war ein Ehrendoktor der schwedischen Universität Uppsala. Bei der Verleihung hatte Ibsen auch ein Ordensband erhalten, das er zu gern um den Hals trug. Sein Erzrivale und größter Konkurrent Bjørnstjerne Bjørnson erklärte, nachdem er Ibsen zum ersten Mal mit Ordensband gesehen hatte: »Ibsen läuft neuerdings mit einem Hundehalsband durch die Gegend.«

Die anwesenden Café-Gäste erhoben sich und applaudierten, wenn das Genie den Saal betrat. Doch Ibsen ignorierte den Applaus, setzte sich und ließ sich jeden Tag dasselbe servieren: ein großes Bier und einen kleinen Schnaps. Es gibt eine Menge Fotos, die ihn auf dem Gang ins Grand Café zeigen, gewandet in Zylinder und schwarzen Gehrock, mit wehendem schlohweißen Backenbart, dazu mit einer Leibesfülle, die den durchaus voluminösen Gehrock fast zu sprengen droht. Und er schaut stolz in die Kamera, mit einer Miene, als wollte er fragen: »Na, habt ihr jemals so etwas Wohlgenährtes wie mich gesehen?« (Was die Frage aufkommen lässt, ob er wirklich in der Lage war, sich in seine schöne Badewanne zu zwängen, besonders breit ist die, trotz aller sonstigen Pracht, nämlich nicht.)

Diese feste Gewohnheit wollte sich das »Komitee zur Beseitigung von Henrik Ibsen« zunutze machen. Es gab nämlich neben Bjørnson noch andere, die mit Ibsens Person nicht einverstanden waren. Gegründet hatten das eigentümliche Komitee Angehörige der Kristiania Boheme, die sich um die Galionsfiguren Christian Krohg (einer von Norwegens bedeutendsten Malern) und Hans Jæger scharte. (Seine »Bibel der Anarchie« war in fast ganz Europa eine Art Samisdat-Bestseller. In den meisten Ländern durfte dieses gefährliche Buch nämlich nicht offen verkauft werden, eine vollständige deutsche Übersetzung erschien erst 1997.) Für sie verkörperte Ibsen wie kein anderer das verhasste Bürgertum mit seiner doppelten Moral, und in ihrer Wut entschlossen sie sich zu einer ganz besonderen Form von Attentat.

Als junger Apotheker in Grimstad hatte der nachmalige Dichterfürst nämlich, wie junge Männer aus gutem Hause es damals für ihr Recht hielten, das Dienstmädchen seines Prinzipals geschwängert. Die junge Frau, Else Sophie Jensdatter

Birkedalen, gab ihn als Kindsvater an, was schon weniger üblich war, und eines Tages bekam Ibsen einen Brief der zuständigen städtischen Behörden. Ob er die Vaterschaft zugebe und vorschriftsgemäß für seinen Sohn zahlen wolle. Ibsen, der sich schon damals nur ungern festlegte, antwortete, er nehme die Vaterschaft auf sich und werde auch seine finanziellen Pflichten erfüllen, wolle aber auch darauf hinweisen, dass die junge Frau zweifellos auch andere Liebhaber gehabt habe. Dieser kleine Versuch, den Ruf der armen Frau vollends zu ruinieren, half ihm aber nichts. Bis der Sohn, der 1846 geboren und auf den Namen Hans Jacob Hendrichsen Birkedalen getauft wurde, mit fünfzehn Jahren konfirmiert wurde, musste Ibsen insgesamt hundertfünf Speziesthaler für ihn herausrücken. (Zum Vergleich: Jemand, der sich als Fischer auf den Lofoten verdingte, konnte zu dieser Zeit in einer Saison vierzig Speziesthaler verdienen.) Irgendein Interesse am Wohlergehen des Knaben hatte Henrik Ibsen nie gezeigt. Er hatte ihn auch nie gesehen – bis das Komitee zur Beseitigung Henrik Ibsens tätig wurde. Der Sohn muss seinem Vater ungeheuer ähnlich gesehen haben. Da sein Leben ungleich härter verlief als das des Vaters, war er im selben Ausmaß wie dieser gealtert; wäre nicht des Seniors ungeheure Leibesfülle gewesen, man hätte die beiden miteinander verwechseln können. Das Komitee machte Hans Jacob Hendrichsen Birkedalen, der sein Leben lang als Knecht und Tagelöhner gearbeitet hatte, im Arbeitshaus von Drøbak ausfindig, kleidete ihn wie den Alten ein, mit Zylinder und Gehrock eben, kämmte ihm den Backenbart und paradierte mit ihm die Karl Johans Gate entlang, in der festen Überzeugung, Ibsen, mit seinem Spiegelbild konfrontiert, werde vor Schreck vom Schlag getroffen werden und entseelt zu Boden sinken – und das beim Uhrenstellen vor der Universität!

Mit dem, was dann passierte, hatte aber niemand rechnen können: Zum ersten Mal, seit er in die Arbinsgate gezogen war, ließ Ibsen nämlich seinen mittäglichen Spaziergang ausfallen. Aber die Anarchisten wollten sich ihr schönes Attentat nicht verderben lassen und gingen kurzerhand mit dem Doppelgänger in die Arbinsgate. Sie klingelten an der Tür und wie durch ein Wunder öffnete Ibsen persönlich. Doch er fiel durchaus nicht vor Schreck tot um. Er musterte sein Gegenüber mit fürchterlich gerunzelter Stirn und knurrte: »Ich weiß genau, wer Sie sind. Hier haben Sie 10 Kronen und lassen Sie sich ja nie wieder bei mir blicken.«

Wenn weiter oben von Ibsens »legitimen« Urenkeln die Rede ist, die sich sehr für die Einrichtung des Museums engagiert haben und weiterhin durch ganz Europa reisen, um die Originaleinrichtung wieder zusammenzubringen, dann sollte vielleicht noch hinzugefügt werden, dass auch der glücklose Sohn der Magd Nachkommen hinterließ. Dass die illegitimen Nachkommen aber niemals irgendein Interesse an irgendeiner Form von Ibsen-Kult gezeigt haben, ist sicher keine große Überraschung.

Ibsens feste Route führte parallel am Schlosspark vorbei. Heute würde er vermutlich den längeren Weg durch den Park vorziehen, um der viel befahrenen Straße Drammensveien zu entgehen. Dabei könnte er dann unterwegs das Denkmal der Autorin Camilla Collett besuchen. Schmal und zart, mit wehendem Rock und nachdenklichem Blick steht sie da, von Gustav Vigeland modelliert, doch längst nicht so wuchtig wie seine bekannteren Werke. Camilla Collett, 1813–1895, schrieb den ersten Roman in norwegischer Sprache überhaupt, zugleich den ersten, der die damaligen Geschlechterrollen kritisierte: »Amtmandens Døtre«, 1854 (deutsch als »Die Amtmannstöchter« um 1860). Colett war mit dem Ehepaar Ibsen zunächst eng befreundet, nach einem Besuch bei den beiden in Dresden attestierte sie Henrik Ibsen jedoch das Frauenbild eines Höhlenmenschen, was dessen Begeisterung für Frau Collett einen gewissen Dämpfer verpasste. Vigeland hätte übrigens auch gern für Ibsen ein Denkmal gestaltet, genauer gesagt ein Mausoleum. Sein Entwurf, so hoch wie ein fünfstöckiges Haus, zeigte einen hohen Sockel, auf dem zwei unter der Last von Ibsens Sarg gebeugte nackte Knaben sitzen. Im Sarg erhebt sich der in eine Art römische Toga gewandete Dichter, eine

Anspielung auf dessen Stück »Wenn wir Toten erwachen«. Sigurd Ibsen, der Sohn des Dichters, entschied sich jedoch für ein ganz normales Grab mit einem Obelisken als Grabstein, womit Oslo heute also um eine Ibsen-Attraktion ärmer ist. Nichtsdestotrotz kann man das Grab des Dichters auf dem Friedhof Vestre Gravlund besuchen.

Als Ibsen in späteren Jahren nach einem Schlaganfall seinen täglichen Spaziergang aufgeben musste, ließ er sich um die Mittagszeit jeden Tag ans Fenster seines Arbeitszimmers bringen und schaute dort in den Tag hinaus. Er war inzwischen fast erblindet und wusste nicht, dass sich auf der Straße immer eine Menschenmenge aus neugierigen Touristen einfand, die einen Blick auf den großen Dichter werfen wollte. Ohne es zu wissen, war er zu Norwegens größter Touristenattraktion geworden, begehrter noch als Wikingerschiffe, Fjorde und das Nordkap.

Nackt im Park

Skulpturen mit Eigenleben

Auf einem kleinen Klapphocker sitzt ein Straßenmusiker und spielt Akkordeon – zugegebenermaßen nicht besonders gut, aber irgendwie mischt sich das sehnsuchtsvolle Seufzen der Quetschkommode mit dem unbeschwerten Kindergeschrei und dem Geschnatter einer japanischen Touristengruppe und trägt so zu dem frühsommerlichen Gefühl dieses Tages bei. Auf den Parkwiesen liegen Männer mit aufgekrempelten Anzughosen und lesen Zeitung, Frauen mit Laptop auf den Knien sitzen auf der Bank und entspannte Jungväter schaukeln mit der einen Hand den Kinderwagen, während sie mit der anderen versuchen, ein überbelegtes Sandwich zu halten.

Ganz in der Nähe des Musikanten, mitten auf der Brücke, die vom Eingang der Parkanlage zum großen Springbrunnen führt, steht ein kleiner Junge und schreit aus vollem Hals, sein Gesicht wutverzerrt, die Fäuste geballt. Der ganze Körper scheint vor Zorn zu beben. Gerade ist er im Begriff mit dem Fuß aufzustampfen, um seine Verzweiflung laut in die Welt zu brüllen. Vielleicht hat ein hinuntergefallenes Eis, ein entschwebter Werbeluftballon vom Schuhgeschäft oder ein nicht erfüllter Waffelwunsch diesen Anfall von Jähzorn ausgelöst, vielleicht ein nicht gehörter Hilferuf, als ihn ein zischender Schwan verfolgte – man weiß es nicht.

Vielen Passanten entlockt er ein Lächeln. Manche kommen langsam näher, bleiben stehen und betrachten ihn, vielleicht weil sie sich noch dunkel daran erinnern können, wie es ist, wenn man so klein und so wütend ist. In all seinem Trotz erweckt er Wohlwollen und Nachsicht.

Er ist das liebste Kind der Osloer und wird von allen *Sinnataggen* (in etwa: Rotzbengel) genannt. Der knapp einen Meter große Trotzkopf ist aus Bronze gegossen und steht seit rund siebzig Jahren auf der Brücke im städtischen Frognerpark. Doch das Alter hat ihm nichts von seiner Kraft genommen. Er scheint unglaublich lebendig, kraftvoll und wirklich richtig wütend.

Natürlich ist der kleine Kerl nicht alleine. In nächster Nachbarschaft und in perfekter Symmetrie angeordnet stehen zwischen duftenden Rosenbeeten weitere zweihundertelf Plastiken aus hellem Granit und Bronze, die Menschen in unterschiedlichen Lebensphasen und Beziehungen zeigen. Wie der kleine Zornickel wurden auch sie vom Bildhauer Gustav Vigeland (1869–1943) gestaltet, der in einem großen Teil des Stadtparks eine monumentale Skulpturenanlage errichtete.

Man kann nicht umhin zu staunen. Es sind nackte Menschen ohne Zubehör. Ausschließlich durch Gestik und Körperhaltung drücken die Skulpturen Spiel und Ernst aus, Liebe, Zurückweisung, Angst, Freude, Tod und Leid – das Leben.

Als hätte jemand die Zeit angehalten, stehen die Figuren wie in der Bewegung erstarrt da, mitten im Streit, im Spiel oder in einer Umarmung. Manche schauen verwundert und überrascht den Betrachter an. Und man geht hin und streicht über die fingerdicken Adern an der riesigen Hand eines Mannes, berührt den Granit und ist überrascht von der glatten, fast weichen Oberfläche.

Überhaupt ist man beeindruckt von den Dimensionen dieser Großfamilie aus Stein und Bronze, die Gustav Vigelands Lebenswerk darstellt. Man kann ihm nicht gerade Bescheidenheit vorwerfen: Der Park war in Umfang und Größe seinerzeit ein abenteuerlich aufwendiges Projekt, das riesige Summen verschlang. Allein um den fast siebzehn Meter hohen Granitmonolith fertigzustellen, der sich im oberen Teil des Parkes in den Himmel hebt, benötigten drei Steinmetze vierzehn Jahre. Erst dann hatten sie alle einhunderteinundzwanzig Menschenleiber herausgemeißelt, die Vigeland vorgesehen hatte.

Der Bildhauer liebte die großen Dimensionen, hätte man ihn gelassen, hätte er noch viele weitere Großprojekte in die Tat umgesetzt. Laut Entwurf wäre beispielsweise das zuvor erwähnte geplante Ibsen-Mausoleum schon bei der Einfahrt in den Fjord weithin sichtbar und ähnlich markant gewesen, wie es später die berühmte Holmenkollen-Schanze wurde (bevor man sie 2009 demontierte). Der Künstler hatte den Plan schon so gut wie fertig. Die Skizzen lagen bereit, doch aus dem Vorhaben wurde nichts.

Die Frage, wie ein einzelner Künstler in den dreißiger und vierziger Jahren des 20. Jahrhunderts ein solches Werk wie die Skulpturenanlage im Frognerpark zustande bringen konnte, liegt nahe. Der logistische Aufwand, die finanziellen Mittel – all das konnte er unmöglich allein stemmen, zudem noch in Kriegszeiten. Doch das musste er auch nicht. Man kann sagen, dass ihm der Zufall zu Hilfe kam. Denn es war wohl ein Zufall, dass die Stadt Oslo ausgerechnet dort, wo sich die Wohnung des mit Geldknappheit gesegneten Bildhauers befand, eine Bibliothek bauen lassen wollte und ihm eine Umsiedelung antrug. Als Ersatz für das verlorene Domizil wurde ihm eine Atelierwohnung auf dem Parkgelände gewährt und gleichzeitig die Gestaltung desselben in Auftrag gegeben. Der Deal war einfach: Vigeland konnte ungestört leben und arbeiten, und die Stadt erhielt im Gegenzug sämtliche seiner dort geschaffenen Werke – umsonst. Er hat der Stadt im wahrsten Sinne des Wortes Monumentales hinterlassen: Heute verfügt die Stadt Oslo dank Vigeland über die weltweit größte zusammenhängende Sammlung eines einzelnen Künstlers.

Ein weiterer, besonders tragischer Zufall ist es da, dass Vigeland die Fertigstellung des Parks nicht mehr erleben durfte. Fast zwanzig Jahre arbeitete er an seiner Interpretation des menschlichen Lebens. In seinem Atelier fertigte er Modelle aus Ton an, goss sie in Gips und stellte Formen für die Bronzefiguren her. Zahlreiche Steinmetze bearbeiteten nach seinen Vorlagen den hellen Granit, doch es ging nicht schnell genug. Erst sieben Jahre nach seinem Tod waren die meisten Skulpturen aufgestellt. Vigelands Asche wird auf seinen Wunsch hin im Turm seiner Atelierwohnung aufbewahrt – von der Planung von Mausoleen hatte er womöglich genug. Nicht so Gustav Vigelands sechs Jahre jüngerer Bruder Emanuel. Auch er war Künstler. Die von ihm gestalteten Glasfenster zieren zahlreiche norwegische Kirchen, nicht zuletzt die der Oslo Domkirke. Doch es gelang ihm nicht, aus dem Schatten Gustavs herauszutreten. Erst zum Schluss trumpfte der Glasmalkünstler und Maler richtig auf und baute sein Atelier eigenhändig zu seinem eigenen Mausoleum um: die Tomba Emanuelle. Es ist ein unheimliches Bauwerk, das am Grimelundveien 8 entstanden ist. Finster und scheinbar von düsterem Geist beseelt. Die Decke und Wände schmückt ein achthundert Quadratmeter großes Fresko mit dem Titel »Vita«, auf dem überwiegend rothaarige Frauen auf erotische Weise dargestellt werden. Der ganze Raum ist dunkel und nur spärlich erleuchtet, denn Emanuel Vigeland ließ alle Fenster seines ehemaligen Ateliers zumauern. Man kann sich des morbiden Gefühls nicht erwehren, das durch die Grabhalle weht. Über dem niedrigen Ausgang der Haupthalle thront ein großer Stein, in dem Emanuels Asche ruht. Man muss schon ein wenig den Kopf beugen, um darunter hindurchzugehen. Vielleicht hat er es absichtlich so geplant, um die Besucher zu zwingen, ihm mit gesenktem Kopf die Anerkennung zu zollen, die ihm zu Lebzeiten verwehrt blieb. Bis heute ist der Künstler nicht zu gleichem Ruhm gelangt wie sein Bruder. Das Mausoleum ist nach wie vor ein wahrer Geheimtipp, obwohl es wahrhaftig nicht weniger bombastisch ist als die Werke von Gustav Vigeland.

Von offenen Zwistigkeiten zwischen den Brüdern ist allerdings nichts bekannt. Man sagt, Gustav Vigeland habe ein zurückgezogenes Leben geführt, geregelt und auf die Arbeit konzentriert. Wenn man die Werkfülle des in weniger als zwanzig Jahren entstandenen Parks betrachtet, fällt es nicht schwer, das zu glauben.

Doch sein Werk ist nicht unumstritten, denn an den nackten Menschenfiguren scheiden sich bis heute die Geister der Kunstkritiker und -historiker. Zu sehr fühlte sich mancher Betrachter an die überästhetischen Formen des Nationalsozialismus erinnert und häufig wurde die Darstellung zwischenmenschlicher Situationen als verkitscht und klischeehaft bezeichnet. Der russische Schriftsteller

Konstantin Simonov schrieb nach einem Besuch des Parks:

»Mitten im Park steht eine riesenhafte Säule, die nach Angaben der Norweger das Streben der Menschen zur Sonne darstellt. Auf mich wirkte die Säule schwer und düster … Viele der Skulpturen sind gut, aber zahlreiche von ihnen wecken Abscheu, es gibt nur dicke Männer, die merkwürdig an den jungen Mussolini gemahnen …«

Vielleicht haben die Hauptstadtbewohner gerade deshalb ausgerechnet den kleinen *Sinnataggen* als ihre Herzensskulptur adoptiert – in ihm ist wenig von Kitsch und Mussolini zu erkennen. Er ist einfach ein Kind.

Ähnlich wie die Kleine Meerjungfrau am Hafen von Kopenhagen ist der Trotzkopf zu einem Wahrzeichen Oslos geworden. Die Skulpturenanlage im Frognerpark ist bei Weitem nicht nur eine Touristenattraktion – für die Osloer ist der Park eine gern aufgesuchte Oase im schnellen Stadtleben. Es gibt keine Absperrungen und keine Eintrittsgelder, Rasen betreten erlaubt, Skulpturen anfassen erwünscht. Eine sympathische Geste der Großzügigkeit, Dank derer der kleine *Sinnataggen* jedoch viel über sich ergehen lassen muss. Aber wer steht schon siebzig Jahre lang wütend auf einer Brücke und wird völlig in Ruhe gelassen?

Während der ersten fünfzig Jahre nach Eröffnung des Parks geschah allerdings rein gar nichts, wenn man von einer kleinen Farbsauerei im Jahr

1947 einmal absieht. Doch in der Silvesternacht zum Jahr 1992 hat der Frieden ein Ende. Unn und Ronny, beide Mitte zwanzig, sind nach einer ausgedehnten Silvesterparty auf dem Heimweg und nehmen die Abkürzung durch den Frognerpark. Die Figuren stehen im Frost erstarrt im Halbdunkeln und sehen gespenstisch aus. Viel gespenstischer jedoch ist, dass eine Figur fehlt. Mitten auf der Brücke klafft dort, wo sonst der Trotzkopf wütend mit dem Fuß aufstampfte, eine große Lücke. *Sinnataggen* ist weg. Und bei genauerem Hinsehen ist festzustellen, dass die circa vierzig Kilo schwere Statue knapp oberhalb des linken Fußgelenks schlicht und ergreifend abgesägt wurde.

Es dauert nicht lange, bis die Polizei kommt, um den Tatort zu besichtigen. Ermittler Geir Svae konstatiert treffsicher, dass man ebenso gut eine Nadel im Heuhaufen suchen könne, und fordert den Entführer des *Sinnataggen* auf, die Statue, im Zweifelsfall auch anonym, zurückzugeben. Die Medien überschlagen sich, die Menschen sind entrüstet. Genau wie zwölf Jahre später, als die Malereien Edvard Munchs aus dem Munch Museum gestohlen werden, fühlen sich die Norweger um Volkseigentum betrogen.

Die Tageszeitung *Verdens Gang* verspricht dem Finder eine Belohnung von fünfundzwanzigtausend Kronen, doch der Trotzkopf bleibt verschwunden. Ein rotes Auto wird gesucht, vier junge Männer ebenfalls, aber die Polizei tappt im

Dunkeln. Erst am 12. Januar kann die Zeitung mit der Schlagzeile »VG löst das Rätsel« Erleichterung bringen, denn der Kleine ist in einem Straßengraben wiedergefunden worden. Der Täter wird nie gefasst. Noch heute kann man die Narbe am Fuß des *Sinnataggen* gut erkennen. Inzwischen ist er aber so verstärkt, dass er nicht mehr ohne weiteres abzusägen ist.

Als wäre in jener Silvesternacht ein Schalter umgelegt worden, ist für den Trotzkopf seither keine Ruhe mehr eingekehrt. Inzwischen schreit er zurecht und zwar darum, endlich in Frieden gelassen zu werden. Immer wieder wird er mit Farbe beschmiert, mal rot, mal weiß, dann wieder gehen Unbekannte mit Werkzeug auf ihn los, sodass sein Bein erneut geschweißt werden muss. Obendrein kommen die unterschiedlichsten Gruppierungen fast inflationär auf die Idee, die Wut der Skulptur für ihre eigenen Zwecke symbolisch zu nutzen. So wird der Trotzkopf als Zeichen des Protests gegen die Weltbank mit einer weißen Binde geknebelt. Im April 2007 erstrahlt der kleine Junge in grellem Pink. Um den Hals trägt er ein Schild, auf dem zu lesen steht: »Der Zornickel hat das Recht zornig zu sein. Wo ist mein Jugendhaus?« Fachleute vermuten, dass es sich dabei um eine Anspielung auf eine ähnliche Aktion in Dänemark handelt, für die die Kleine Meerjungfrau ihren Kopf in rote Farbe tauchen musste. Kopenhagens Jugend demonstrierte damit für ein Jugendzentrum.

Einmal aber blieb der unschuldige Nackedei verschont – und zwar als Einziger. Als PR-Gag verdeckte eine Gruppe der Osloer Reklamehochschule die Geschlechtsteile sämtlicher Skulpturen im Park mit schwarzen Pappstücken. Nur der kleine Trotzkopf durfte als Einziger bleiben, wie Vigeland ihn schuf. Nackt. Und das in aller Öffentlichkeit im Park.

Die Akersgate

Skandalschmiede oder Luftblase?

In Oslo ist die Akersgate, diese enge, eher düstere Straße, die sich durch die Innenstadt zieht und in den vergangenen Jahrzehnten vor allem einer Großbaustelle ähnelte, das Synonym für Presse überhaupt. Die öffentliche Meinung wird dort geschmiedet. Man kann es praktisch vor sich sehen: Die Köpfe der Redakteure rauchen und die Telefone laufen heiß, wenn sich irgendwo eine Neuigkeit abzeichnet. Ob *Aftenposten, Dagbladet, Verdens Gang* – Was schreibt die Akersgate, fragt man, so, wie man anderswo fragt: Was steht denn dazu in der Zeitung? Diese sprachliche Gewohnheit ist zäh, auch wenn längst – wegen der ewigen Bauerei, weil anderswo die Mieten billiger sind, egal, aus welchen Gründen – viele Redaktionen von dort weggezogen sind. Im Fall der Tageszeitung *Dagbladet* gar an den Stadtrand, weit weg vom sagenumwobenen Tostrupkjeller – Treffpunkt, Gerüchtebörse und Tränke der Osloer Journalisten, der übrigens ebenfalls nicht in der Akersgate gelegen ist, aber doch gleich um die Ecke auf dem Platz Lille Grensen.

So wundert es nicht, dass auch Norwegens hauptamtliche Skandalpresse nicht in der Akersgate angesiedelt ist, sondern zumeist um die Ecke wohnt. Doch das tut dem Erfolg der Klatsch- und Tratsch-Schmiede keinen Abbruch. Eine Karikatur in der links orientierten Osloer Tageszeitung *Klassekampen* (deren Redaktion natürlich weiter östlich in der Stadt, in Grønland beheimatet ist) bringt die Sache mit der Skandalpresse fein auf den Punkt. Der um Sitte und Ordnung besorgte Ministerpräsident sagt zur Königin: »Der Betrieb des Königshauses kostet den Staat beträchtliche Summen, Eure Majestät.« Die Majestät rümpft ihre aristokratische Nase und sagt: »Na gut, dann schaffe Er die Monarchie ab und führe Er die Republik ein.« »Nein, nein«, wehrt der Ministerpräsident entsetzt ab. »Das erträgt die Volkswirtschaft nicht, denn dann würden doch alle Wochenzeitschriften Bankrott machen.«

Dramen und Skandale werden in Norwegen vor allem von der Wochenpresse veröffentlicht – oder verursacht. Und das vor allem von einer, von *Se og Hør* (Sehen und Hören). Konkurrenzblätter mit ebenso klangvollen Namen wie *Her og der*, (Hier und dort), *Hjemmet* (Zuhause) oder *Familien* (Die Familie) können nicht mithalten, ebenso wenig die Tageszeitungen *Dagbladet* und *Verdens Gang*, auch wenn sie sich noch so große Mühe geben. *Se og Hør* ist ein norwegisches, angeblich sogar ein weltweit einzigartiges Phänomen. Während auch in Norwegen andere Zeitungen über Auflagenrückgang klagen, steigt die Auflage von *Se og Hør* stetig, seit

Kurzem erscheint sie sogar zweimal wöchentlich, die verkaufte Auflage liegt im Schnitt bei fünfhunderttausend Exemplaren, das ist weltweit einmalig im Verhältnis zur Bevölkerungszahl. *Se og Hør*, ein vierfarbiges Heft, äußerlich und inhaltlich vielleicht am ehesten vergleichbar mit der *Bunten*, ist marktbeherrschend, setzt Maßstäbe und zieht die Konkurrenz mit.

Die größte Neuerung, die das Blatt auf dem norwegischen Zeitungsmarkt eingeführt hat, ist, dass das Königshaus nicht mehr geschont wird. Über die Liebschaften des verwitweten Königs Olav in den sechziger Jahren schwieg die Presse noch, als Kronprinz Harald eine Bürgerliche heiraten wollte, wurde vermutlich im Privatleben der Braut herumgeschnüffelt, geschrieben wurde nichts – dass die nächste Generation es der Klatschpresse nun besonders leicht machte, steht auf einem anderen Blatt beziehungsweise in einem anderen Kapitel, aber ohne *Se og Hørs* heldenhaften Einsatz wäre es noch heute undenkbar, dass das Privatleben der Royals der Öffentlichkeit dermaßen vorgeführt wird. Dass das Königspaar sich deshalb ein neues Ferienhaus zulegen musste, garantiert gegen Einblick von außen geschützt, ist fast noch harmlos – nie lagen weniger als vier *Se og Hør*-Vertreter in Booten auf der Lauer, um die hohen Herrschaften beim Baden zu fotografieren –, und die Artikel sparten dann auch nicht mit hämischen Kommentaren darüber, dass die Königin mit fast siebzig

Jahren nun auch keine Modelfigur mehr aufweisen konnte. Manchmal und völlig unerwartet werden die Bildunterschriften plötzlich lammfromm. So zeigte *Se og Hør* im Sommer 2009 eine Bilderserie, die das schwedische Königspaar beim Baden zeigt. Die Schlagzeilen schrien: »Seht nur, wie verliebt die beiden sind. Nach fünfunddreißig Jahren!« Zu sehen war König Gustav mit grämlich verzogenem Gesicht, während Königin Silvia ihm mit überaus gelangweilter Miene den Rücken einreibt.

Es läge nahe, hier eine satirische Pointe zu vermuten, doch im Gespräch mit einem *Se og Hør*-Reporter zeigt sich sehr schnell, dass das jedenfalls nicht beabsichtigt war.

Der Skandalpresse in anderen Ländern wird oft vorgeworfen, dass sie Skandale selber erfindet, gewissermaßen aus dem Ärmel schüttelt. Niemand wird behaupten, dass *Se og Hør* über solche Methoden erhaben wäre, doch man hat sie schlicht nicht nötig. Die Blatt-Leser-Bindung ist das eine, sie geht parallel mit einer Blatt-Promi-Bindung. Gutes Geld für einen schönen Skandal zahlen viele, *Se og Hør* aber hat ein ganzes Regiment von »Inoffiziellen Mitarbeitern« in seinem Sold, die vielleicht irgendwann einen Skandal melden können und deshalb gut bezahlt werden.

Das kann sich in jeder Hinsicht lohnen, für die Zeitung sowieso, aber auch für die IMs. Filmstars, deren Stern schon lange gesunken ist beispielsweise, Sportgrößen, deren große Zeit vorbei ist, die aber nicht in Vergessenheit geraten und wenigstens zu Quizsendungen und Talkshows eingeladen werden möchten, werden für treue Dienste, die sie in besseren Zeiten erbracht haben, durch ständige lobende Erwähnung in *Se og Hør* belohnt – dadurch bleiben sie der Öffentlichkeit in Erinnerung, bekommen möglicherweise doch noch eine Rolle oder eine Einladung zu einer Talkshow, können dann die Stars der Stunde bei einem möglichen Skandal beobachten und zum Dank für erwiesene Wohltaten *Se og Hør* informieren. Eine klassischere Win-win-Situation ist kaum vorstellbar.

Und so kann in Norwegen ein Skandal gemacht werden: Es begab sich zu dem Zeitpunkt, als bekannt wurde, dass Prinzessin Märtha Louise (nach der für Prinzessinnen offenbar vorgeschriebenen unglücklichen Liebschaft mit einem Reitlehrer) ein Auge auf den jungen aufstrebenden Dichter Ari Behn geworfen hatte. Woraufhin *Se og Hør* schnellstmöglich ein Auge auf einen Busenfreund des angehenden Prinzgemahls warf. Der Busenfreund war Fotograf und sollte doch wohl hübsche Fotos des Auserwählten haben? Hatte er auch, das Problem war nur: die Fotos waren wirklich nur hübsch, kein bisschen skandalös, kein nackter Dichter beim Schnupfen von Kokain, umgeben von ungezügelten Frauenzimmern (oder wenigstens in einer dieser drei Posen), einfach nette Fotos aus dem Urlaub und von gemeinsamen Festen.

Die Redaktion von *Se og Hør* wusste Rat. Man

bot dem Busenfreund zweihundertfünfzigtausend Kronen für die harmlosen Fotos. Die Nachricht, dass *Se og Hør* diese Wahnsinnssumme für Ari-Bilder hingeblättert hatte, ließ die Erwartungen der Leser in die Höhe schnellen und die Konkurrenz aus der Akersgate vor Neid grün anlaufen. Danach wurden einige der Bilder veröffentlicht, doch in Schlagzeilen und den beigefügten Berichten wurde vor allem betont, dass Aris Busenfreund die Bilder angeboten hatte. Und dass das ein schäbiges Verhalten einem Freund gegenüber ist, war natürlich auch der *Se og Hør*-Redaktion klar, doch auch das war kein Problem. Man stellte den Verkauf der Fotos einfach als selbstlosen Akt der Freundesliebe dar. Der Fotograf, dem natürlich überhaupt nichts am Geld gelegen sei, und der es nur sehr widerwillig eingesteckt habe, weil die Fotokäufer nun einmal darauf bestanden hätten, habe sich ganz einfach geopfert. Der junge Dichter werde doch jetzt in ganz andere Kreise einheiraten, ließ er verlauten, und sich ohnehin nur noch selten bei den alten Freunden blicken lassen dürfen, und da wollte er ihm den Bruch eben erleichtern und ihm für die Öffentlichkeit einen Grund geben, die Freundschaft zu beenden.

Das war schön und edel gedacht, und die halbe Million regelmäßiger *Se og Hør*-Leser scheint keinerlei Zweifel an dieser Darstellung gehabt zu haben. Wer sie jedoch nicht glaubte, waren die Prinzessin und ihr Dichter – weshalb der Fotograf zu seiner großen Enttäuschung bei der Hochzeit der beiden nicht als Trauzeuge fungieren durfte. Auch diese Enttäuschung des treuen Freundes wurde von *Se og Hør* ausgiebig unters Volk gebracht – ob der dafür nun auch noch bezahlt wurde, entzieht sich leider unserer Kenntnis.

Nicht alle treuen Freunde können sich ihre Freundesliebe übrigens so schön vergolden lassen. Bleiben wir bei Prinzessin Märtha Louise, die vor dem Reitlehrer und vor dem Dichter einen Freund aus Oslo hatte. Der auf diese Liebschaft angesetzte Hofreporter von *Se og Hør* war von Anfang an davon überzeugt, dass die Sache keine Zukunft habe. Weshalb er besonders genau hinschaute. Und als sich seine Prophezeiung bewahrheitete und die Prinzessin dem jungen Mann aus Oslo den Laufpass gab, hatte *Se og Hør* auch schon einen guten Freund des Verlassenen zur Hand, der ein Tonband liefern konnte – darauf weint der Exfreund sich aus, weil er eben verlassen worden ist, und mutmaßt, die so sehr Geliebte habe jetzt etwas mit dem Reitlehrer. *Se og Hør* hatte also sozusagen zwei Skandale für den Preis von einem an Land gezogen – der Freund mit dem Tonband jedoch konnte keine edlen Motive für seine Indiskretion anführen und wurde deshalb mit zwanzigtausend Kronen abgespeist.

Was immer noch mehr ist, als viele andere abbekamen. Der allererste europäische Journalist, dem Präsident Clintons Praktikantin Monica Lewinsky ein Exklusivinterview gewährte, kam natürlich von *Se og Hør*. Nur hatte sie leider nichts mehr zu erzählen, was zu diesem Zeitpunkt nicht alle Welt längst gewusst hätte – ihr Honorar: eine norwegische Trachtenstrickjacke (und darin wurde sie dann nicht einmal fotografiert).

Se og Hør setzt Maßstäbe, wie gesagt, verschiebt Grenzen, treibt die Konkurrenz zu wilden Bocksprüngen, um ihre Auflage zu halten. Die Osloer Tageszeitung *Dagbladet*, einst die kritische Kulturzeitung Norwegens, in der die Intelligenzia des Landes mit Witz und Kampfgeist die Feder schwang, brilliert inzwischen mit dicken Schlagzeilen, bunten Bildern und Promiklatsch. Ohne dass es sich in den Auflagenzahlen niederschlüge – weil die alten treuen Leser der Zeitung in ihrer neuen kulturarmen Gestalt frustriert den Rücken kehren. Neue sind schwer zu finden, die anvisierten Leserscharen bleiben lieber beim Original, eben bei *Se og Hør*. In einer Disziplin jedoch ist *Dagbladet* deutlich überlegen, es besitzt die wahre Meisterschaft – im Dementieren.

Beispielsweise diese beiden Dementis: Das eine schrieb *Se og Hør* über die auch in den deutschsprachigen Ländern bekannte norwegische Schlagersängerin Wencke Myhre: »Ich lasse mich nicht scheiden!« Von Scheidungsplänen der Dame war bis dahin nichts bekannt gewesen – und es sollte dann auch noch Jahre dauern, bis es soweit war. Dagegen *Dagbladet*? Dort wurde dementiert, dass ein links gerichteter Politiker zu seiner Zeit als Entwicklungshelfer in Afrika kastriert worden sei, weil er eine unziemliche Liebschaft mit einer Häuptlingstochter unterhalten habe. Auch von diesem Gerücht hatte vorher niemand etwas gehört, aber niemand kann bestreiten, dass Kastration und Häuptlingstochter für ein Dementi viel mehr hergeben als eine schnöde Scheidungsabsicht.

Dass ein links orientierter Politiker Opfer dieser Schlagzeile wurde, hätte eigentlich eher zu *Se og Hør* gepasst als zum weiterhin liberalen *Dagbladet*. *Se og Hør* gehört zum festen Unterstützerkreis von Norwegens rechtspopulistischer Partei Fremskrittsparti. Über Skandale, in die die dortige Parteiprominenz verwickelt ist, wird folglich nur berichtet, wenn es sich gar nicht vermeiden lässt, aber das ist in mehrfacher Hinsicht ja nur folgerichtig.

Wird *Se og Hør* nämlich vorgeworfen, zu üblen Mitteln zu greifen oder Dinge zu schreiben, die wirklich niemanden etwas angehen und die aus Rücksicht auf alle Beteiligten nun wirklich nicht an die große Glocke gehängt werden sollten, dann zucken die Redaktionsvertreter kühl mit den Achseln. »Ihr wisst, was wir schreiben«, heißt es dann, »aber ihr wisst eben nicht, was wir alles nicht schreiben.«

Kuba und der Eisberg

Architektur trifft Kunst

Oslo ist keine Weltstadt mit atemberaubender Skyline. Es gibt eine Handvoll Hochhäuser, ein paar hochmoderne Bürokomplexe und einen Flughafen mit Holzdielenboden und Geräuschduschen. Es gibt Betonbausünden, zahlreiche Gründerzeit-Villen, Sechziger-Jahre-Backsteinwohnblöcke, großzügige Stadthäuser und kleine Holzhäuser, daneben ein relativ einfaches Schloss, ein verkehrt herum stehendes Rathaus mit zwei ungleich hohen Türmen und ein ungewöhnliches Parlamentsgebäude, das anfangs keiner haben wollte. Die Stadt ist unter architektonischen Gesichtspunkten ein fröhlicher bunter Teller, auf dem jemand die großen Stahl- und Glasgebilde vergessen hat.

Es scheinen andere Regeln zu gelten als in London, Paris und New York. Zwar will man dem Rest der Welt in nichts nachstehen und sich innovativ und zeitgemäß präsentieren, will endlich den Ruf, mehr Dorf als Metropole zu sein, widerlegen – dennoch: Die angestrebten Lösungen sind in erster Linie typisch norwegisch. Und das nicht nur im Erscheinungsbild, vielmehr noch in der Gesinnung. Das beliebteste Stereotyp, mit dem sich die Norweger zu gern selbst schmücken, ist die Liebe zum Land und allem, was es hervorbringt. Vom Architekten bis zum Baumaterial zeigt man sich patriotisch – Hauptstadt hin oder her. Das macht Oslo einerseits so einzigartig und anderseits so provinziell (was es wiederum einzigartig macht, denn keine andere europäische Hauptstadt zeigt so wenig Drang zur Expansion).

Diese »typisch norwegischen Lösungen« sind nichtsdestominder einen genaueren Blick wert, denn zum einen lässt sich die Stadt ihre Architektur etwas kosten und zum anderen sind die Ergebnisse zweifelsohne originell.

Statt hohe Summen in die Erschließung immer neuer Industrie- und Büroparks in den Randgebieten zu investieren, setzt man beispielsweise auf die Umwidmung alter Fabrikgebäude. Oslos liebste Flaniermeile Aker Brygge am Hafen ist dafür ein gutes Beispiel. Eine alte Werft wurde dort auf überraschend dezente Weise zu einem modernen Shopping- und Amüsierkomplex zusammengefasst. Auch die ehemaligen Fabrikgebäude entlang des Flusses Akerselva wurden mit Investitionen in Milliardenhöhe zu begehrten Gewerbeflächen umgestaltet. Es entstehen Ateliers, Werbeagenturen und Architekturbüros, und wer nicht aufs Kleingeld schauen muss, leistet sich dort womöglich ein Penthouse.

Es hat ganz den Anschein, als hätte alle Bauaktivität das Ziel, die Grenzen der Innenstadt möglichst wenig zu erweitern, sondern lieber im Inneren aufzuräumen. Dabei kann man wahrlich nicht behaupten, es gäbe keinen Platz. Das Stadtgebiet, das von weniger als sechshunderttausend Menschen bewohnt wird, erstreckt sich über sage und schreibe vierhundertvierundfünfzig Quadratkilometer – allerdings sind ganze drei Viertel davon mit Wald und Wasser bedeckt. Fragt man die Osloer, sollte das nach Möglichkeit auch so bleiben, denn frei nach dem zweitbeliebtesten Norweger-Motto: »Jedem sein eigener Berggipfel« hätte jeder Osloer zumindest gern ein Stück Wald, in dem er seine Ruhe hat.

Man drängelt sich also lieber in der Innenstadt, sprich auf einem Immobilienmarkt, dessen Preise auf bestem Wege sind, ins Unermessliche zu steigen. Aber wer soll das bezahlen? Während die meisten Bürger sich hoch verschulden müssen, um im Stadtbereich eine Wohnung oder ein Haus zu erwerben, gestehen sich die Studenten in Norwegens größter Universitätsstadt zähneknirschend ein: Sie können sich das nicht leisten – noch nicht. Mehr als zwei Drittel der Osloer Studenten wohnen daher in über das Stadtgebiet verteilten Studentenwohnheimen (mit dem erklärten Ziel, möglichst bald in die eigenen, mit Krediten finanzierten vier Wände zu ziehen). Zum großen Teil sind die Wohnheime in den sechziger Jahren entstandene Studentensiedlungen. Kleine Häuser mit engen Räumen im Sogn Studentby, unattraktive Betonblocks in attraktiver Waldrandlage im

Kringsjå Studenthjem oder, weit entfernt vom echten Leben, dafür aber in der Nähe der Trabrennbahn, im Wohnheim Bjerke, und wenn dort nichts frei ist, in schuhschachtelgroßen Miniapartments in der Pilestredet, die preislich mit einer Dreizimmerwohnung in Berlin konkurrieren könnten und vom Milieu her mit Sankt Pauli in Hamburg. Zufrieden ist damit kaum jemand. Gleichzeitig explodieren in den angesagten Gegenden wie Grünerløkka die Preise, weil in den alten Fabrikgebäuden der Kommerz wieder Einzug hält.

Keiner aber will sich nachsagen lassen, man würde in der Stadtentwicklung nur kommerziell denken. Das Osloer Studentenwerk SiO ließ es sich daher nicht nehmen, im Jahr 2000 ein architektonisches Überraschungsprojekt zu starten und den Studenten zu beweisen, dass auch für ihre Wohnqualität bestens gesorgt wird. Das Studentenwerk eroberte Kuba.

Seit 1953 stehen auf einem Areal im Stadtteil Grünerløkka drei große Kornsilos, die bis 1993 auch noch in Betrieb waren. Dreizehntausendfünfhundert Tonnen Korn fanden seinerzeit darin Platz, heute sind es dreihundertvierzig Studentinnen und Studenten. Aus bunten Fenstern in den dreiundfünfzig Meter hohen Silos schauen sie über die ganze Stadt, über den Fjord und die Inseln und genießen nicht nur eine zentrale Wohnlage, sondern zudem Oslos beste Aussicht.

Für die Bewohner Oslos gehören die Silos zum

Stadtbild. Sie sind Beweise der lebendigen Industriegeschichte des Viertels Grünerløkka, und auch wenn sie nicht wirklich schön sind, gehören sie doch dazu, wie der Fluss, die roten Backsteinhallen und der Geruch der Bierbrauerei Ringnes. Bis 1967 wurde das Korn mit der sogenannten »Korntrikk«, der Kornstraßenbahn also, nach Kuba transportiert und dort eingelagert. Zwei Bahnen zuckelten im Dauerverkehr über eine eigene Schienenstrecke zwischen dem Hafen Vippetangen und der Mühle in Bjølsen hin und her. Eine Stunde dauerte die Fahrt. Doch im Zuge der Modernisierung wurde zuerst der Bahnverkehr stillgelegt, dann, knappe dreißig Jahre später, die Silos.

In der Diskussion um den Erhalt der runden Türme gingen die Meinungen auseinander. Es wurden Ausschreibungen für einen Umbau in ein Bürogebäude veranstaltet, doch aus diesem Plan wurde nichts. Stattdessen entschied sich das Studentenwerk, hundertzwanzig Millionen Kronen für den Erwerb der Silos aufzuwenden und weitere hundertfünfzig Millionen für den Umbau in zweihundertsechsundzwanzig eigenwillige Wohneinheiten. Der Aufwand wurde belohnt. Im Jahr 2002 wurden die Studentensilos mit dem Architekturpreis der Stadt ausgezeichnet. Die Jury begründete ihre Wahl damit, dass »(…) der Architekt den ursprünglichen Ausdruck des Gebäudes weiterentwickelt und verfeinert hat. Das transformierte Gebäude präsentiert sich als Monument und Ikone in der Stadtlandschaft und macht sowohl den Transformationsprozess entlang des Akerselva als auch die darauf folgende Belebung Grünerløkkas sichtbar. Besonders möchte die Jury den innen wie außen sichtbaren bewussten Einsatz von Farbe im Verhältnis zur Form betonen.«

Dieses Monument wurde mit einer hundert Quadratmeter großen Dachterrasse und einem großen Gemeinschaftsraum im obersten Stock versehen. Auf eine Bar wurde, sehr zum Bedauern der Bewohner, jedoch verzichtet. Zu sehr sollte die schöne Aussicht die Studenten wohl doch nicht vom Lernen ablenken.

Das Glück der Silobewohner dauerte ganze sechs Jahre an, dann geriet das einst gepriesene Umbauwerk überraschend in die Schlagzeilen: Nach diversen Leckagen in den Badezimmern der Silos breitete sich flächendeckend Schimmel aus. Offenbar waren in der Euphorie Baumängel übersehen worden. Also mussten die Studenten vorübergehend raus und neue Bäder rein. Doch dem kapriziösen Charakter, der einzigartigen Aussicht und der begehrten Lage des Wohnheims hat die Pilzattacke keinen Abbruch getan. Die Hauptstädter sind sich inzwischen einig: Die Studentensilos sind eine runde Sache.

So einig war man sich nicht, als 2003 der Gletscher zwischen Hafen und Hauptbahnhof zu wachsen begann. In Zeiten der abschmelzenden Arktis hat die Stadt Oslo sich zu Ehren der Kultur einen blendend weißen Eisberg geleistet – und damit die Gemüter landesweit über Jahre hinweg immer wieder bewegt.

Das norwegische Architketurbüro Snøhetta (Schneekuppe) hat seinem Namen mit der Entwicklung der neuen Oper alle Ehre gemacht. Das Gebäude sieht tatsächlich aus wie ein Gletscher – und das mit voller Absicht. In weißem Marmor erstrahlt es bei Sonnenschein derart hell, dass wegen der Gefahr von Schneeblindheit offiziell davor gewarnt wird, das Gebäude ohne Sonnenbrille zu besichtigen. Wenn man aber seine Augen ausreichend geschützt hat, ist es ein Erlebnis der besonderen Art, den Anstieg zum Gipfel der Oper zu wagen. Zweihundertzweiundvierzig Meter lang und hundertzehn Meter breit ist das asymmetrische Bauwerk, dessen Dach vom ebenerdigen Eingang aus wie eine Bergflanke zu besteigen ist. Und auch das ist – wie im echten Leben – nicht ungefährlich. Am ersten Tag, an dem das Dach der Oper offiziell dem Publikumsverkehr geöffnet wurde, ereigneten sich diverse Stürze. Ein dreiundsechzigjähriger Mann brach sich dabei sogar den Arm. Und das nicht wegen Eisglätte, sondern wegen zahlreicher kleiner Kanten, Vorsprünge und unerwarteter Stufen, die das Gebäude zu dem machen, was es ist: ein Kunstwerk in sich – auch ohne die Musik im Inneren. Hat man jedoch den Gefahren getrotzt und den Gipfel gestürmt, hat man von oben einen wirklich wunderbaren Ausblick über den Oslofjord. Und über den Industrie- und Kreuzfahrtschiffhafen. Und, wenn man sich umwendet, ebenfalls über ein wundersam verbautes Betonstraßenwirrwarr und den Hauptbahnhof samt Flughafenbahnterminal.

Die Lage der neuen Oper war Gegenstand zahlreicher Diskussionen. Der Marmorgletscher erhebt sich an einem bis 2008 völlig unbelebten Kai hinter dem Hauptbahnhof, der trotz zahlreicher Modernisierungen, Verschönerungen und trotz der Anwesenheit von zahlreichen Sicherheitsbeamten nach wie vor eine Problemzone der Stadt darstellt. Warum sollte dort die Oper entstehen? An einem Ort, den die meisten Osloer lediglich mit Drogendealern und einem unschönen Verkehrsknotenpunkt verbanden? Hinter drei großen Kreisverkehren zweigen von dort nämlich die großen Tangenten nach Norden und Südosten ab. Um den Ausblick über den Hafen zu genießen, waren die Osloer bislang an andere Orte gegangen. Man stieg hinauf zur Festung Akershus oder schlenderte an den Piers von Aker Brygge entlang oder fuhr mit der Linie 1 zum Frognerseter, Oslos Hausberg und Ausgangspunkt zahlreicher Wanderwege. Auf die Idee, nach Feierabend mal nach Bjørvika zu gehen, wäre sicherlich niemand gekommen.

In einem Kraftakt sondergleichen entschieden die Städteplaner, ein Viertel von Oslo neu zu definieren und künstlich zu beleben. Rund um den

Bahnhof wurden die Straßen saniert. Der Verkehrsknotenpunkt soll in ein Tunnelsystem unter die Erde verlegt werden, um den Zugang zur Oper friedlich und gefahrlos zu gestalten. Und nachdem nun ein Anfang gemacht wurde, steht der Errichtung eines neuen Kulturviertels nichts mehr im Wege. In absehbarer Zeit soll auch das Munch-Museum nach Bjørvika umziehen und ein weit größeres Zuhause bekommen, als es jetzt im Stadtteil Tøyen hat. In Kulturkreisen ist man jedoch über diese Entwicklung besorgt. War es einst das Ziel gewesen, kulturelle Angebote auf die ganze Stadt zu verteilen, um einzelne Stadtteile aufzuwerten, befürchtet man durch eine künstlich angelegte Kulturmeile, die ursprünglich angestrebte Vielfältigkeit einzubüßen, denn laut Plan sollen dem Munch-Museum bald das Stenersen-Museum und die Deichmanske bibliotek folgen.

Es scheint, als hätte man sich entschieden, mit dem vor Kurzem noch betonwüstengleichen Bjørvika auf internationalem Niveau mitzuspielen – der einmaligen Lage der Oper von Sydney kann Oslo etwas entgegensetzen, koste es, was es wolle.

Und es kostete eine Menge. Während des Baus der neuen Oper wurde bekannt gegeben, dass das Budget um 1,8 Milliarden Kronen (vierzehn Prozent) überschritten würde. Ein Aufschrei ging durch das Land. Niemand in Oslo hätte je bestritten, dass ein neues Operngebäude dringend vonnöten war, denn genau genommen hatte es noch nie ein wirklich eigenes Opergebäude gegeben, und daher war es höchste Zeit. Seit 1827 war die nationale Oper sechs Mal umgezogen, beherbergt von unterschiedlichen Theatern, zuletzt, seit 1959, vom zentral gelegenen Folketeateret. Die Musik bedurfte zweifelsohne eines eigenen Platzes mit entsprechendem Ambiente, und man erkannte rasch, dass mit entsprechendem Plan eine »original norwegische Lösung« von internationalem Format entstehen konnte. Snøhetta Arkitektur og Landskap A/S, unter anderem Designer der neuen Bibliotheca Alexandrina, ist eines der weltweit erfolgreichsten norwegischen Architektenbüros. Kjetil Thorsen und Craig Dykers, die Inhaber von Snøhetta, lieferten mit ihrer Idee des Eisbergs einen Entwurf ab, der das norwegische Selbstverständnis in Reinkultur zeigt.

Natürlich stand es da auch außer Frage, dass so weit wie möglich norwegische Materialien zum Einsatz kommen sollten. Um für die Holzlieferung zum Innendesign wettbewerbsfähig zu sein, wurde die Holzwirtschaft von höchster politischer Ebene zu Leistung angespornt und gefördert. Die wellenförmige Vertäfelung im Foyer sollte auf jeden Fall aus norwegischer Eiche sein, ebenso wurde auf die Verwendung von norwegischem Granit gepocht. Viele fein bearbeitete norwegische Eichen finden sich nun in dem hellen, luftigen Eingangsbereich des Gebäudes, doch der Granit macht nur fünfzehn Prozent des verwendeten Steins aus. Die Oper erstrahlt in italienischem Marmor. Im Jahr 2009 erhielt Snøhetta für dieses unumstritten faszinierende Werk den »Mies van der Rohe Award for European Architecture«.

Doch wo Bewunderer sind, sind Kritiker nicht weit. Nichts, was im Zusammenhang mit der Oper passierte, blieb von den Medien unkommentiert: In einer öffentlichen Debatte wurde diskutiert, ob der Gastronomiebetrieb in der Oper nun Bier ausschenken solle oder nicht. Ein Thema, zu dem sich jeder Osloer gerne äußerte. Mit Schrecken bemerkte man dann gelbe Flecken auf dem neuen Marmor. Und das noch vor der Eröffnung! Die Zeitungen überschlugen sich. Ernstere Diskussionen beschäftigten sich mit der gesellschaftlichen Bedeutung der Oper: Viele monierten, dass man die Oper zum Prestigeobjekt machte. Man warf den Städteplanern vor, die Oper nicht mehr als Kulturstätte für das Volk, sondern als Touristenmagnet zu definieren, und sie durch Kommerzialisierung ihres ursprünglichen Zweckes zu entheben. Wenn es um die nationale Kultur geht, verstehen die Norweger keinen Spaß, so viel ist sicher.

Die einzige Chance, diesen Vorwurf zu entkräften, liegt in der inhaltlichen Gestaltung des Programms. Aber auch da tun sich die Betreiber schwer. Die Probleme begannen schon vor der ersten Spielzeit, als die Eröffnungsinszenierung von »In achtzig Tagen um die Welt« aufgrund von

Problemen mit der weltbesten Technik verschoben werden musste. Seither wird der Spielplan immer wieder verändert und verschlankt. Nicht gerade ein Auftritt mit Pauken und Trompeten für die neue Kulturmeile, meinen Opernkritiker und Besucher.

Dennoch gab es zur Eröffnungsveranstaltung ausreichend Aufsehenerregendes. Die Prominenz kam in Scharen, um in dem tausenddreihundertneunundsechzig Plätze bietenden Saal beim Auftaktkonzert dabei zu sein. Die königliche Familie glänzte mit Anwesenheit, alles, was im Kulturbetrieb Rang und Namen hat, ebenso Politiker aus dem In- und Ausland. Besonders genau sah die Presse beim Dekolleté der deutschen Bundeskanzlerin und Opernliebhaberin Angela Merkel hin, die sich sichtlich darüber freute, an der Eröffnung teilnehmen zu können. Zugegeben, der Ausschnitt war nicht zu übersehen, dennoch nicht der Aufregung wert, die sein Anblick letztlich sogar in der Türkei verursachte. Man konnte den Eindruck bekommen, dass es manch einem schwer fiel, sich noch auf die optimistischen Worte König Haralds zu konzentrieren, der sich lobend über die Architektur der neuen Oper äußerte und sich abschließend wünschte, dass viele zukünftige Generationen dieses Gebäude mit Musik, Tanz und Gesang füllen mögen.

Anfangs holperte es zwar noch ein wenig bei der Erfüllung dieses Wunsches und niemand konnte verstehen, warum man eine Musik-Ikone wie Tom Waits, der nach dreiundzwanzig Jahren zum ersten Mal einen Fuß auf Osloer Boden setzen wollte, eine Absage erteilte, doch langsam entsteht ein Gleichgewicht zwischen Prestigegebäude und Volksprogramm, dem auch die Kritiker nichts entgegenzusetzen haben: Denn wenn an einem lauen Sommerabend das Dach des Opergebäudes so dicht mit Menschen bevölkert ist, dass das Marmorweiß nicht mehr zu sehen ist, wenn auf den Platten, die sich bis hinunter ins Wasser strecken, Sitzkissen ausgegeben werden und eine sanft im Fjord dümpelnde Konzertbühne mit Leinwand alle Blicke auf sich zieht, dann ist das ein Paradebeispiel für eine typisch norwegische Lösung – und die stehen besonders in Oslo hoch im Kurs.

Dem Hamsun eine Gasse

Über eine immerwährende norwegische Diskussion

Kein norwegischer Dichter hat es je zu solchem Weltruhm gebracht wie Knut Hamsun (1859–1952) – abgesehen vielleicht von Henrik Ibsen, den Hamsun übrigens zutiefst verachtete und mit bissigem Spott verfolgte. Ibsen, auch wenn er laut Augenzeugenberichten ein absolut mieser Charakter war, erscheint seinen Landsleuten heute mehr denn je als engelsgleiche Lichtgestalt. Sein Kollege Hamsun dagegen unterstützte in seinen späten Jahren die Nazis und gilt deshalb in der guten Gesellschaft bis heute eher nicht als salonfähig. Und doch hat er eine treue Fangemeinde. Man solle die Vergangenheit ruhen lassen und dem größten Romancier, den das Land jemals hervorgebracht hat, endlich in der Hauptstadt Oslo eine Straße widmen, sagen die einen, und sie verweisen darauf, dass nicht einmal der böswilligste Hamsun-Verächter in dessen Werk irgendwelche Hinweise auf die Nazisympathien finden kann. Man solle also Werk und Autor trennen und die Straße sozusagen dem Werk widmen. Und sei es, indem man sie nach einer Figur aus einem Hamsun-Roman benennt und nicht nach dem Mann selbst. Nichts da, widerspricht die andere Seite, er unterstützte die Nazis und tat und sagte schreckliche Dinge, nie und nimmer darf so einer eine Straße kriegen. (Dass in anderen norwegischen Orten, die irgendeinen Bezug zu Hamsun haben, wie Narvik, Mo i Rana oder Stokmarknes, durchaus Hamsun-Straßen existieren, wird dabei nicht weiter erwähnt, von Oslo aus gesehen ist alles andere öde Provinz.)

Doch unmittelbar vor Beginn des Jahres 2009, in dem Hamsuns hundertfünfzigsten Geburtstag zu feiern war, wurde nur scheinbar abermals energisch diskutiert, denn eigentlich sagen alle dasselbe wie eh und je. Und der Kompromissvorschlag, einen Platz in der Nähe des Osloer Hauptbahnhofs nach Hamsun zu benennen, hat die Befürworter nur verdrossen. Dabei spräche einiges für diese Lösung: Just dort spielen große Passagen von Hamsuns erstem großen Romanerfolg »Hunger«, mit seinem so oft zitierten Anfang: »Es war in jener Zeit, als ich in Kristiania umherging und hungerte, in dieser seltsamen Stadt, die keiner verlässt, ehe er von ihr gezeichnet worden ist …« Als Oslo noch Kristiania hieß, verortete der junge Hamsun sich politisch auf der extremen Linken und bezeichnete sich als Anarchisten, heute ist die Gegend um den Hauptbahnhof sozialer Brennpunkt. Geht also nicht, findet die Hamsun-Fraktion, entweder er kriegt eine richtig schöne, noble Straße oder man lässt es. Dabei hätte der Hamsun der »Hunger«-Periode mit seinem Hang zu Randgruppen und Rauschmitteln aller Art bestimmt nichts gegen eine solche Benennung gehabt. (Die Sache mit der Anarchie ist übrigens noch nicht erforscht, wieso Hamsun sich dazu bekannte, hat er selbst nie begründet. Immerhin trug er, damals Straßenbahnfahrer in Chicago, als einer der wenigen seiner Kollegen trotz der Drohungen der Bosse nach der Hinrichtung der Haymarket-Märtyrer 1886 ein schwarzes Band am Revers.)

Die Angelegenheit ist also erst einmal unentschieden, und während des Hamsun-Jahres hat sich daran auch nichts geändert. Wobei Hamsun-Jahr als Bezeichnung leicht übertrieben klingt. Wurden zum Ibsen-Jahr 2006 (anlässlich des hundertsten Todestags des »kleinen Wesens«, wie Hamsun ihn zu nennen pflegte) nicht weniger als achtzig Prozent von Norwegens gesamtem Kulturbudget investiert, um dem Namen Ibsen in aller Welt zu huldigen, so flossen die Mittel für Hamsun eher spärlich – zu sehr hat der Mann sich selbst ins politische Abseits manövriert.

An dieser Stelle scheint es – Straße hin oder her – angebracht, nachzusehen, was Hamsun eigentlich getan, gesagt und geschrieben hat, denn darüber wird interessanterweise längst nicht mehr gesprochen. Die Anti-Hamsun-Straßen-Fraktion erklärt nach wie vor, der Mann sei ein schrecklicher Nazi gewesen, nach so einem dürfe man keine Straße benennen, die Pro-Fraktion sagt, im Gegenteil, eigentlich war er gar keiner und wenn doch, so hat ihn seine Frau dazu verleitet. Die Behauptung, Frau Hamsun sei an allem schuld gewesen, ist allerdings nicht mehr zu halten, seit der Historiker Ingar Sletten Kolloen seine Hamsun-Biografie vorgelegt hat, für die er erstmals Einblick in Familienpapiere und bisher gesperrte Gerichtsprotokolle nehmen durfte. Marie Hamsun schwärmte zwar für Hitler und das Dritte Reich, reiste immer wieder auf Vortragstournee dorthin und ließ sich von Goebbels und Göring gleichermaßen hofieren, aber dass Hamsun sich von ihr (oder von irgendeinem anderen Menschen) zu irgendeiner Ansicht hätte verführen lassen, muss einwandfrei ins Reich der Legende verwiesen werden. Ansonsten hat die Diskussion sich verselbstständigt. Der Autor Sverre Henmo, dem es ebenfalls egal ist, ob es in Oslo irgendwann eine Hamsun-Straße geben wird oder nicht, sagte bei einer Diskussion auf der Osloer Buchmesse im November 2008, dass offenbar niemandem an Informationen zum Thema gelegen sei. Alle hätten ihre feste Meinung, die sie nicht durch Recherchen ins Wanken bringen wollten. Und immerhin, so denken viele, die sonst nichts weiter über die Angelegenheit wissen, wurde Knut Hamsun nicht wegen Landesverrats verurteilt und verlor sein ganzes Vermögen? Das kann doch nicht ohne Grund geschehen sein.

Nur ist die Sache mit dem Landesverrat und dem Prozess auch so ein Thema, das lieber unter den Tisch gekehrt wird. Denn eigentlich hätte die Sache ganz einfach sein könnten: Die norwegische

Exilregierung in London erließ Ende 1944 etliche Gesetze, nach denen nach der Befreiung Norwegens von der deutschen Besatzung Kollaborateure bestraft werden sollten. Rückwirkend für die ganze Besatzungszeit. Dass es keine Möglichkeit gab, diese Gesetze in Norwegen bekannt zu machen, spielte dabei keine Rolle. Wichtigstes Kriterium für die Bestrafung als Landesverräter war die Mitgliedschaft in der norwegischen Nazipartei. Mit diesem Gesetz hätte die Sache ein Ende haben können, denn Knut Hamsun war nachweislich niemals Mitglied der norwegischen Nazipartei. Nur war er eben der prominenteste Norweger überhaupt, eventuell neben Vidkun Quisling, dem norwegischen Naziführer, der gleich 1945 hingerichtet worden war, als das Bedürfnis nach Rache noch ganz besonders heiß loderte. Doch die wieder eingesetzte norwegische Regierung schien sich nicht ganz wohl dabei zu fühlen, einen in aller Welt bekannten, fast tauben Greis (Hamsun war 1945 immerhin bereits sechsundachtzig) vor Gericht zu stellen, weshalb er erst einmal in die Psychiatrie eingewiesen wurde, wo Hamsun deutlich das Gefühl hatte, er sollte hier auf höchsten Regierungsbefehl für senil und unzurechnungsfähig erklärt werden. Ob er mit diesem Gefühl richtig lag, ist bisher nicht zu beweisen, die entsprechenden Unterlagen sind noch immer gesperrt. Dass die Psychiater sich alle Mühe gaben, ist jedoch unübersehbar. Was immer Hamsun sagte, wurde gegen ihn verwendet. Auf die Frage, was unterscheidet einen Zwerg von einem Kind, antwortete er: »Das Alter«, was als Zeichen für mangelnde Urteilskraft verbucht wurde. Warum ein Mann seine Frau nicht hintergehen solle, fragte der Psychiater. Weil sie dann auf die Idee kommen könnte, nun ihrerseits Seitensprünge zu machen, sagte Hamsun, und schon war er als moralisch verkommen eingestuft. Am Ende befanden die Psychiater auf »dauerhaft geschwächte seelische Fähigkeiten« (was genau das sein mochte, wurde nie aufgeklärt), weshalb er nicht zu einer Gefängnisstrafe verurteilt werden konnte. Vor Gericht gestellt wurde er aber trotzdem, denn nur so konnte sein Vermögen konfisziert werden, und Hamsun verbrachte seine letzten Jahre in bitterer Armut.

Dabei war er ein in aller Welt viel gelesener Autor, dessen Werke immer wieder neu aufgelegt wurden, nur Norwegen bildete von 1945 bis 1950 die große Ausnahme. »Wir waren Hamsunsüchtig, so wie man rauschgiftsüchtig sein kann«, das schrieb rückblickend 1956 die deutsche Literaturhistorikerin Friederike Manner. Der Erfolg allerdings hatte sich für Hamsun erst relativ spät eingestellt. Seine ersten Veröffentlichungen, Alm- und Fjorddramen – entstanden unter dem Einfluss der »Bauernerzählungen« des von ihm so verehrten Bjørnstjerne Bjørnson, die er auf eigene Kosten drucken ließ – fanden so gut wie keine Abnehmer. Seinen künstlerischen Durchbruch errang er 1890 mit dem Roman »Hunger«. Zuvor hatte er seinen Stil radikal verändert. »Hunger« weist keine Spuren mehr auf von Alm- und Fjordidylle, der Roman spielt in der Großstadt unter verkrachten Künstlern, die Kritiker sahen darin den »neuen Menschen«, Opfer seiner dekadenten Nerven und des Tempos der modernen Zeit, riefen den Autor zum Genie aus und stellten ihn auf eine Stufe mit Dostojewski. Ein höheres Lob war damals kaum denkbar.

Das Publikum blieb überaus gelassen, verkaufsmäßig war »Hunger« ein Fiasko. Das galt auch für die anderen Romane dieser Periode, von denen neben »Hunger« der bekannteste »Mysterien« ist (in diesem Roman gönnt Hamsun sich übrigens das Vergnügen, auf vielen Seiten Ibsen auf wunderbar formulierte Weise mit Hohn und Spott zu überschütten). Der große Erfolg setzte erst ein, als er, des bohemienhaften Lebens in den großen Städten müde, wie er behauptete, seine Romane abermals auf dem Land ansiedelte und seiner nordnorwegischen Heimat, vor allem seinem Heimatbezirk Nordland, ein literarisches Denkmal setzte. In Nordland spielen Romane wie »Pan«, »Benoni«, »Rosa« und »Segen der Erde«, der Roman, der ihm den Nobelpreis einbrachte.

Vor allem der alte Hamsun suchte sich für seine Romane bisweilen andere Schauplätze (»Die Stadt Segelfoss«, »Die Weiber am Brunnen« und die »Landstreicher«-Trilogie spielen an der norwegischen Südküste, »Das letzte Kapitel« im Gebirge in der Nähe der ostnorwegischen Stadt Lillehammer), aber das in den Büchern gezeichnete Bild der Welt ändert sich nicht mehr: Die Welt ist schlecht und ungerecht, die Reichen und Mächtigen nutzen ihre Macht und ihren Reichtum gewissenlos aus, und wenn die Armen überleben wollen, müssen sie zu allen Mitteln greifen, die sie überhaupt nur finden können. Die Wahl der Mittel wird mit Sympathie beschrieben, zugleich kann das Armeleutekind Hamsun bei der Schilderung der Reichen und Mächtigen sich zeitlebens nicht von Bewunderung und leisem Neid befreien – weshalb die Reichen und Mächtigen eben nicht als negative Karikaturen erscheinen.

Bleibt die Frage, ob man Hamsun als Nazi bezeichnen kann oder nicht. Ein Sympathisant war er jedenfalls. Als Kind hatte er immer wieder schreckliche Geschichten über die Hungersnöte gehört, die während der Napoleonischen Kriege durch die von Großbritannien verhängte Seeblockade in Norwegen wüteten. Später konnte er beobachten, wie britische Industriemagnaten in Norwegen Fabriken gründeten und Land und Leute rücksichtslos ausbeuteten. Der Kontakt mit irischen Auswanderern in den USA konnte seine Sympathien für das britische Empire dann auch nicht vergrößern. In den USA gelangte er zudem zu der Überzeugung, dass dieses Land sich zu einer imperialistischen, kapitalistischen und militaristischen Hölle entwickeln würde, wenn ihm nicht jemand ordentlich auf die Finger haute. Deutschland dagegen war für Norwegen schon immer das Tor zur Welt. Norwegische Künstler gelangten über Deutschland zu internationalem Ruhm. Deutschland als Land der Dichter und Denker erschien Hamsun (der in seinem Leben keine dreihundert Tage die Schule besucht hatte) als positiver Gegenentwurf zu allem, was er an den USA verachtete, und fortan hieß er einfach alles gut, was dort geschah. Ein Land, das gegen Großbritannien und die USA Kriege führt, muss man einfach unterstützen, so – vereinfacht formuliert – war Hamsuns simple Überzeugung. Er schrieb schreckliche Dinge, am schrecklichsten sind seine Polemiken gegen den im KZ gefolterten Ossietzky. 1934 wurde er gebeten, eine Solidaritätsadresse für Karl von Ossietzky zu unterschreiben. Hamsun weigerte sich, verwies darauf, dass Konzentrationslager schließlich eine britische Erfindung seien, und »wenn die (deutsche) Regierung sich veranlasst gesehen hat, Konzentrationslager einzurichten, dann sollten Sie und alle Welt begreifen, dass das seine guten Gründe hat«.

Wobei nicht unerwähnt bleiben sollte, dass die maßgeblichen norwegischen Zeitungen eher Hamsuns Ansicht teilten, wie sie überhaupt bis Kriegsbeginn erschreckend deutschland- bzw. hitlerfreundliche Ansichten vertraten. Hamsun erklärte schon früh seine Unterstützung für Quisling; 1936 veröffentlichte er in der Zeitung *Fritt*

Folk (»Freies Volk«), dem Zentralorgan der norwegischen Nazipartei, einen Wahlaufruf, in dem es über Quisling hieß: »Wenn ich zehn Stimmen hätte, dann würde er sie alle bekommen. Sein fester Charakter und sein unbeugsamer Wille tun uns gut in diesen Zeiten.«

Er rief nach der Besetzung seine Landsleute auf, den deutschen Besatzern keinen Widerstand zu leisten, die Deutschen seien ja doch unbesiegbar und Widerstand werde nur zu schrecklichen Strafaktionen führen. Er fand es lobenswert, dass seine Söhne sich freiwillig an die Ostfront meldeten, und er scheint keinerlei Versuch unternommen zu haben, seine Frau Marie von ihren Propagandareisen ins Deutsche Reich abzuhalten (wobei man allerdings zugeben muss, dass die Ehe inzwischen zu einem solchen Fiasko geworden war, dass er jubelte, wenn er Marie nicht sehen musste). Und er besuchte Hitler, der seine Werke sehr schätzte, persönlich! Der Besuch endete allerdings katastrophal. Hamsun wollte die Gelegenheit nutzen, um sich über das Vorgehen der Besatzungsbehörden in Norwegen zu beschweren und die Ablösung des allgemein verhassten Reichskommissars Terboven verlangen. Was Hitler so verärgerte, dass er den Besuch vorzeitig abbrach.

Hamsun setzte sich aber auch immer wieder für norwegische Widerständler ein, denen Verhaftung oder sogar Hinrichtung drohten. Er besorgte dem deutschen Verlagsmann Max Tau die lebensrettende Einreiseerlaubnis nach Norwegen. Auch für seine Anwältin, die wegen ihrer Aktivitäten im norwegischen Widerstand inhaftiert worden war, setzte er sich ein und konnte ihre Freilassung erwirken. Weshalb es für die Anwältin Sigrid Stray gleich nach ihrer Rückkehr aus dem schwedischen Exil im Sommer 1945 ganz selbstverständlich war, ihren alten Mandanten aufzusuchen und seine Verteidigung zu übernehmen. Hamsuns Engagement gegen Terboven und für dessen Opfer wurden beim Prozess ebenfalls erwähnt, doch das half ihm auch nicht weiter, sein Vermögen, wie gesagt, wurde eingezogen und in den Wiederaufbau Norwegens investiert.

Seine Schandtaten wiegen noch heute so schwer, dass in Norwegens Hauptstadt, die er beschrieben hat wie kein zweiter, keine Straße nach ihm benannt werden darf. Ob man dazu nun eine Meinung hat oder nicht – eines steht fest und lässt sich aus seinen Schriften problemlos belegen: Knut Hamsun, der sich nicht einmal von seinem Nobelpreis übermäßig beeindrucken ließ, sondern gereizt reagierte, als seine Frau Marie ihn mit der freudigen Nachricht beim Frühstück störte, wäre diese ganze Debatte absolut egal gewesen.

Vorspiel mit Nachspiel

Samstagnacht in Oslo

Das Ganze fängt schon mit einem Missverständnis an. Der nette junge Mann, den man soeben bei einer Veranstaltung des Literaturhauses – eigentlich also in ehrbarem Umfeld – kennengelernt hat, sitzt einem am Tisch gegenüber und flirtet ein bisschen. Das Gespräch geht von Literatur über die Stadt über das Leben, und irgendwann stellt er sich vor (er heißt Kjetil) und dann fragt er: »Hast du morgen Abend schon etwas vor?« »Nein, aber das kann sich ja noch ändern.« Soweit ist noch alles im Rahmen. Aber dann sagt er: »Kannst ja zum Vorspiel zu mir kommen.« Diese Unverblümtheit macht für einen Augenblick sprachlos. Es kann sein, dass die Gesichtszüge kurz entgleisen.

Wer in diesem Moment aufsteht und geht, hat sich weniger um ein sexuelles Erlebnis als um einen lustigen Abend gebracht. Denn das Vorspiel gehört zu einem Osloer Samstagabend wie die Dusche und die Rasur und die Wahl der richtigen Kleidung. Es ist das, was man landläufig als »Vorglühen« kennt: Wer Lust hat, findet sich mit einem Sixpack Bier, einer Flasche Wein oder Whisky zu Hause bei Freunden ein und kommt dort schon einmal ordentlich in Stimmung, ehe dann gegen zehn oder elf Uhr abends die Klubs und Bars erobert werden.

Das »Vorspiel« ist aus der Ausgehkultur nicht wegzudenken. (Und es heißt im Norwegischen genauso, hört sich aber vom Osloer ausgesprochen ein bisschen an wie »Fórschpill«, das sexuell orientierte Vorspiel dagegen schreibt sich im Norwegischen »forspill« und wird mit einem noch kürzeren – o – gesprochen, falls es denn je gesprochen wird und nicht nur in den Beratungsspalten geschrieben steht.) Das liegt schlicht und ergreifend an den Preisen, die in Osloer Kneipen und Klubs herrschen. Ein Bier acht Euro – kein Problem. Ein Glas Wein zwölf Euro – normal. Whisky und Cocktails liegen noch weit darüber. Sich aushäusig in einen Zustand seligen Rausches zu trinken, kann in Oslo schon mal ein Wochengehalt kosten.

Daraus ergibt sich ein merkwürdiges Ausgehverhalten: Während der Woche ist es nicht leicht, einen Freund oder eine Freundin dazu zu bewegen, mal ein Glas Wein trinken zu gehen. Denn ein Glas – das ist nicht Fisch, nicht Fleisch. Der staatlich kontrollierten Alkoholabgabe durch das *Vinmonopolet* sei Dank, muss man für einen trinkfreudigen Abend so viel bezahlen, dass die Investition in bloß ein Glas erscheint wie vergebliche Liebesmüh. Es geht vielen Hauptstädtern (egal welcher Schicht und Klasse) noch immer mehr um den Effekt als um den Genuss von alkoholhaltigen Getränken – deshalb spart eben so mancher lieber auf ein feuchtfröhliches Wochenende, als ab und zu ein Glas zu genießen. Es ist nicht von der Hand zu weisen und es gilt die alte Regel: Was verboten ist, macht einfach mehr Spaß. Nun ist der Alkohol nicht wirklich verboten, doch die Beschaffung ist immer mit Aufwand verbunden. Und dementsprechend beschwingt soll dann auch das Ergebnis ausfallen.

Wer sich an einem Freitag- oder Samstagabend in der Osloer Innenstadt umsieht, dem fällt es vielleicht schwer zu glauben – aber es gibt in Norwegen tatsächlich überraschend viele Leute, die das Trinken von Alkohol ablehnen, ob nun aus gesundheitlichen, religiösen (hier macht sich der Einfluss der kalvinistisch geprägten Protestanten bemerkbar) oder anderen Gründen. Wer also um seinen guten Ruf besorgt ist, sollte seine Trinkgewohnheiten entsprechend einrichten. Der Schriftsteller Jonny Halberg beschreibt die Lage so:

»In Moss geht man zweimal pro Woche aus. Und zwar immer an den gleichen zwei Tagen. An diesen Tagen trinkt man, bis man umfällt. Das ist in Ordnung so. Sollte man jedoch an einem anderen Tag ausgehen, mitten in der Woche, dann wäre das nicht in Ordnung. Man kann dann drei Bier trinken und nach Hause gehen und gilt trotzdem als Problemfall. Ich bin ein Problemfall.«

Mit den beiden Tagen, an denen man ungestraft bis zum Umfallen zechen darf, sind natürlich Freitag und Samstag gemeint. Nun sind die Regeln für gesellschaftlich akzeptablen Suff in einer Kleinstadt wie Moss – gelegen am Ostufer des Oslofjords – ein wenig strenger als in der Großstadt Oslo, doch im Grunde gelten sie auch dort. Zumal die reguläre Trinkzone in Oslo doch überschaubar ist. Das liegt nicht nur daran, dass sich, wie überall, die Wochenend-Ausgehpisten eben auf wenige angesagte Stadtteile beschränken, es kommt eine lokale Besonderheit dazu, erdacht von findigen Osloer Bürokratengehirnen: Der *Skjenkeringen*, also der »Ausschankring«. Das ist jener Bereich des Osloer Stadtgebiets, wo nach vierundzwanzig Uhr noch Alkohol ausgeschenkt werden darf. Ziel der Maßnahme: die Leute vom Trinken abzuhalten. Wer einen weiten Weg in die Stadt hat, verzichtet vielleicht, so die Bürokraten. Zumal in einer Stadt, die für ihre Taxiknappheit berüchtigt ist.

Natürlich geht die Rechnung nicht auf. Die Lokale in der Innenstadt sind am Wochenende überlaufen, Warteschlangen vor einzelnen Bars und Kneipen keine Seltenheit, was natürlich, gerade im kalten Winter, das Aggressivitätsniveau hochtreibt. Die Osloer Polizei rät ganz offen allen, vor allem Oslo-unkundigen Touristen, am Freitag- und Samstagabend die Kneipenszene um die Rosenkratzgate (wenn man zum Königsschloss hinschaut, rechts der Karl Johans Gate gelegen) weitläufig zu meiden.

Ist nun die Sache mit dem Ausschankring ohnehin eine bizarre Osloer Besonderheit, so kommt noch dazu, dass der Ausschankring keine statische Größe ist. Seine Ausdehnung ändert sich, je nachdem, wie sich der Osloer Stadtrat gerade zusammensetzt. Nur eines scheint undenkbar – die Lokale selbst entscheiden zu lassen, wie lange sie geöffnet haben wollen. Gastwirte, deren Läden im Grenzbereich der bisherigen Ausschankringe liegen, zittern entsprechend vor jeder Osloer Lokalwahl. Für einige Jahre war das »Bar & Restaurant« in Majorstua ein beliebter Treffpunkt, eigentlich perfekt gelegen, im Einzugsbereich von Frognerpark, des U-Bahn-Knotenpunkts Majorstua und des Colosseumkinos. Als ein neuer Stadtrat den Ausschankring um wenige Meter verkleinerte, lag das Restaurant plötzlich außerhalb – und überlebte diese Ausgrenzung kein halbes Jahr. Das Publikum blieb aus, da die Gäste um Mitternacht nicht plötzlich umsiedeln und möglicherweise sogar vor dem nächsten Lokal anstehen wollten.

Deutlich zu beobachten ist das an die beiden »erlaubten Tage« gebundene Trinkverhalten regelmäßig samstagabends. In den Straßen der Innenstadt, rund um die Karl Johans Gate und Aker Brygge, wo die teuren und angesagten Clubs wie »Smuget« und »Tre Brødre« angesiedelt sind, stehen lange Schlangen aufgedonnerter Mädchen und gestylter Jungs vor den Eingängen und warten auf Einlass in die DJ-Partyszene der Stadt. Jazzliebhaber kommen im Zentrum im Café-Bar-Plattenladen »Bare Jazz« voll auf ihre Kosten. Und ebenso zentral gelegen, zwischen modernen Hochhäusern und Regierungsgebäuden, befindet sich der entspannte Club »Herr Nilsen«. Mit seinen blauen Markisen über und der riesigen Schrift unter den Fenstern wirkt der Jazzclub in dieser Gegend merkwürdig fehl am Platz und wie aus einer anderen Zeit – umso besser sind aber die Livekonzerte, die Jams und Sessions, die dort stattfinden.

Am Bogstadveien, im Viertel Majorstua, ist eher die Jugend unterwegs – am Hegdehaugsveien taumeln einem nach 23.00 Uhr gelegentlich Horden von leicht bekleideten jungen Mädchen entgegen, kichernd und kreischend. Ein besonders amüsanter Anblick vor allem im Winter, wenn die Absätze hoch und die Gehsteige glatt sind.

In Grünerløkka, wo ein eher intellektuelles Publikum eigentlich auch nichts anderes tut als abzufeiern, nur eben bei Independent Music statt bei Techno und bei Wein statt Mix-Getränken, rangelt man in der »Bar Boco« um einen Sitzplatz oder drängelt sich im Dunkel des Musikclubs »Blå«.

Für all jene, die sich dem Partyrausch entziehen und dennoch nicht auf das Samstagabendvergnügen verzichten wollen, gibt es das, was der Osloer gerne als *brunt sted* bezeichnet, wörtlich eine »braune Kneipe«. Braun angeblich, weil diese Lokalitäten zumeist Überbleibsel aus früheren Zeiten sind, als man die Wände in Biertränken noch mit dunkelbraunen Holzpaneelen täfelte, die Bar und die Tische aus dunklem Holz waren und ein kettenrauchender Wirt wie ein König hinter seinem Tresen thronte und die gescheiterten Existenzen des Viertels mit einem echten Halben versorgte, damit sie das Elend der Welt leichter vergessen konnten (heute enthält der immer noch sogenannte »Halbe« nur noch 0,4 Liter und der Wirt muss vor der Tür rauchen). Kneipen dieser Art gibt es mehr als eine so junge und moderne Stadt, wie Oslo sie sein will, vermuten ließe, und es sind nicht selten diese Lokale, wo man die wirklich interessanten Leute trifft, die Stadtoriginale, die Schriftsteller und Künstler, Lebemänner und Philosophen und jene, die sich für das ein oder andere halten. Dort sind die Nächte fast immer lang und die Gespräche zumindest ungewöhnlich.

Allerdings ist seit einigen Jahren eine Art Kneipensterben zu beobachten. Die »braunen« Kneipen werden immer weniger! Die besorgten Beobachter haben dafür zwei Erklärungen: Zum einen gibt es, wie in vielen Großstädten überall in Europa, die urbane Caffè-Latte-Kultur. Einer bestimmten jungen, schicken Szene sind die alten Bierkneipen womöglich nicht cool genug, sie besuchen lieber andere Lokale. Der zweite Grund ist das strenge Rauchverbot in Lokalen. Die alte Stammkundschaft, die sich in den »braunen« Osloer Kneipen zu ein, zwei Halben und vielen, vielen Zigaretten traf (für mehr als zwei Halbe reichte das Geld selten) bleibt ebenfalls aus. Diese Leute gehen jetzt gar nicht mehr in die Kneipe. Lang ist die Liste von Lokalen dieser Art, die in den letzten Jahren spurlos verschwunden oder als Caffè-Latte-Bar wiederauferstanden sind.

Eine jener alten Kneipen, die alle Veränderungen überleben und denen aufgrund ihrer Lage auch die wildesten Veränderungen des Ausschankringes nichts anhaben können, ist »Lorry«, gelegen am Parkveien, in einer Art Bermudadreieck, in dem schon so mancher fröhliche Zecher verschollen ist.

Bei »Lorry«, der Kneipe mit der größten Bierauswahl Norwegens, sitzt einfach alles herum – und nichts scheint sich je zu ändern. Die Tische sind mit Leinentüchern eingedeckt, man sitzt in kleinen Separees, an der Wand hängen Wildschweinköpfe, und die Kellner haben den Charme eines Wiener Kaffeehausobers, doch handfeste Skandale, die andernorts zu Lokalverboten führen würden, werden hier gelassen hingenommen.

Einst zerschlug ein prominenter Maler seinem jüngeren Liebhaber scheinbar aus heiterem Himmel einen Bierkrug auf dem Kopf. Eifersucht, dachten alle. Dem geschundenen Liebhaber wurde in den Krankenwagen geholfen, der Maler trank weiter. Als er dabei einen eingegipsten Arm zeigte – früher am selben Tag hatte der Liebhaber ihn nämlich die Treppe hinuntergeschubst, wobei der Maler sich das Handgelenk brach, und das nur einige Tage vor Eröffnung einer Ausstellung seiner letzten Werke –, da nickten alle verständnisvoll.

Der Maler und alle anderen tranken friedlich weiter. Der Liebhaber übrigens auch, denn einige Zeit später erschien er mit einen kleidsamen Kopfverband wieder bei »Lorry« und bat um einen neuen Halben.

Doch wenn es auch so scheint, als änderte sich bei »Lorry« niemals etwas – die wahren Stammgäste sehen das anders. Und damit meinen sie nicht die Preise, die stetig steigen, während die Biermaße, wie gesagt, immer weiter schrumpfen. Auch dies ist sozusagen O-Ton »Lorry«: Auf der Damentoilette steckt ein Messer in der gepolsterten Ledertapete. Während die Besucherin aus Deutschland sich die Hände wäscht und versucht, den Sinn dieser Messerinstallation zu erraten, tritt aus der nächsten Toilettenkabine eine ältere Dame. Wortlos zieht sie das Messer aus der Wand, verstaut es in ihrer voluminösen Handtasche und sagt unvermittelt: »Na, der Laden ist aber arg heruntergekommen, findest du nicht?« Die deutlich jüngere Besucherin druckst herum, worauf die ältere Dame den Grund ihres Missfallens erklärt: »Es gibt einfach keine hübschen Barmänner mehr bei Lorry. Vor dreißig, vierzig Jahren war das noch anders, da waren allein die schicken Barmänner Grund genug hierher zu kommen. Der schönste von allen aber hieß Arnesen und wohnte bei Bislet.« Nun denn: Ein Prosit auf den unbekannten und sicher längst verstorbenen schönen Herrn Arnesen!

Die meisten Partylöwen aber haben weniger

Augen für die Schönheit des Barpersonals, sie überfällt irgendwann ein später Hunger auf Deftiges, weshalb in allen Ausgehmeilen für ausreichend Würstchen, Backkartoffeln oder Pommes Frites gesorgt ist. Die Imbissbudenbesitzer bereiten sich mit Unmengen an Fastfood auf den Run gegen 1.00 Uhr vor, dann stehen – genau wie vor den Klubs – Schlangen von Leuten für einen Döner an.

Gegen 3.00 Uhr morgens gehen dann nach und nach die Musikanlagen aus und die Lichter an. Was noch längst nicht heißt, dass man sofort nach Hause geht. Das ist nämlich erstens nicht so einfach, zumindest, wenn man nicht im Zentrum wohnt, und zweitens keinesfalls erwünscht.

Denn da trotz ausschweifendem Nachtleben in der Hauptstadt keine Unordnung erwünscht ist, werden auch noch die Betrunkensten nicht umhin kommen, sich nach Club- und Imbiss-Schlange auch noch brav wie alle anderen in die Taxischlange zu stellen und zu warten, bis sie an der Reihe sind, nach Hause zu fahren. Es ist schon ein merkwürdiges Bild, das sich dem Zuschauer dieses Samstagabendschauspiels gegen 3.00 Uhr früh in Oslo bietet: Auch wenn es zehn Grad unter Null hat, der Schnee im gelben Laternenlicht wild tanzt und der Wind eisig an der kunstvollen, wenn auch schon leicht derangierten Hochsteckfrisur rupft – an den Taxihalteplätzen in der Innenstadt stehen nicht selten fünfzig Leute, wohlgeordnet hintereinander, alle ordentlich aufgetakelt, wenn auch inzwischen schwankend und einstweilen unsicher auf den Füßen, und warten auf einen freien Wagen. Es geht gegen jeden Schick, sich ein Taxi von der Straße zu winken, abgesehen davon, dass fast nie eines anhält – außer den sogenannten Piratentaxis, die von Pakistanern und verhinderten Religionswissenschaftlern unerkannt durch die wilde Großstadtnacht gesteuert werden. Ein Abenteuer, auf das man sich nur einlassen sollte, wenn man nicht allein ist und es aus welchen Gründen auch immer wirklich gar nicht mehr abwarten kann, nach Hause zu kommen.

Doch eigentlich geht man nach einem so erfolgreichen Abend nur ungern nach Hause. Denn entweder es hat sich ein gleich- oder gegengeschlechtlicher Partner zur weiteren Nachtgestaltung gefunden, oder aber Bekannte und Freunde zum gemeinsamen Absacker. Was mit einem Vorspiel begonnen hat, soll nicht ohne Nachspiel bleiben. Nicht selten landet man auf diese Weise im Gefolge von einem entfernten Bekannten in der Wohnung einer Person, die einem völlig unbekannt ist und es womöglich auch bleibt. Es gibt noch ein Bier obendrauf, einen *Gammel Dansk* oder einen Aquavit, vielleicht, in besseren Kreisen, einen »Kaffee avec« (Das »avec« bezieht sich dabei zumeist auf Cognac oder anderen Weinbrand). Und wenn dann der Morgen mit Grauen ans Fenster klopft, kann man getrost nach Hause gehen. Der Sänger und Songwriter Lars Lillo Stenberg schrieb für seine Band De Lillos den ultimativen Oslo-Song »Suser av gårde«, inzwischen seit Jahrzehnten ein Hit, und fing damit die Stimmung genau ein:

Det er grålysning og ikke en lyd i byen
Og jeg er på vei hjem til en uoppredd seng
(…)
Og jeg er ganske full og jeg går midt i Bygdøy allé
Og mitt eneste mål er å komme hjem og sove
Men før jeg gjør det er jeg nødt til å se
At solen kommer at mennesker står opp.
Da er jeg trygg
Da kan jeg sove godt hele dagen.
Lille Oslo er en egen planet.
Alle gatene forskjellige land
Hvert strøk en verdensdel
Og vi suser av gårde alle mann.

Es dämmert schon und in der Stadt kein Laut.
Ich bin auf dem Weg in ein ungemachtes Bett.
(…)
Ziemlich voll geh ich mitten auf der Bygdøy Allee.
Mein einziges Ziel ist nach Hause und schlafen.
Aber erst muss ich noch sehen,
dass die Sonne aufgeht und die Menschen aufstehen.
Dann bin ich sicher

Und kann gut schlafen, den ganzen Tag.
Kleines Oslo, ist ein eigener Planet
Jede Straße – ein anderes Land
Jedes Viertel – ein Kontinent.
Und wir sausen davon, alle Mann.